H. VALOYS

LES VOYAGES PRÉSIDENTIELS

DE

M. FÉLIX FAURE

I. SATHONAY

II. ROUEN & LE HAVRE

Illustrations de Pierre PETIT

PARIS

CHARLES MENDEL, ÉDITEUR

118 ET 118 *bis*, RUE D'ASSAS

1895

LES VOYAGES PRÉSIDENTIELS

DE

M. FÉLIX FAURE

TOURS. — IMPRIMERIE DESLIS FRÈRES

H. VALOYS

LES VOYAGES PRÉSIDENTIELS

DE

M. FÉLIX FAURE

I. SATHONAY

II. ROUEN & LE HAVRE

Illustrations de Pierre PETIT

PARIS
CHARLES MENDEL, ÉDITEUR
118 ET 118 bis, RUE D'ASSAS

1895

SATHONAY

UNE CÉRÉMONIE PATRIOTIQUE

LA DISTRIBUTION DES DRAPEAUX

Tout en réservant à la Normandie son premier voyage présidentiel, M. Félix Faure a voulu, avant tout, donner un gage à notre armée. L'honneur du drapeau allait être de nouveau engagé ; le chef de l'État n'a pas laissé échapper l'occasion qui s'offrait à lui de manifester dans une cérémonie patriotique la sollicitude dont il entoure tout ce qui concerne nos braves soldats; aussi est-il allé, à Sathonay, remettre lui-même les drapeaux aux régiments qui devaient s'embarquer quelques jours après pour Madagascar.

La cérémonie du camp de Sathonay a été ainsi le grandiose prologue des voyages que M. Félix Faure doit faire dans toute la France.

Pour conserver à cette manifestation son caractère exclusivement militaire, le Président s'est rendu directement au camp de Sathonay sans passer par Lyon, où des réceptions officielles étaient inévitables.

La petite ville de Sathonay, honorée de la première visite du Président de la République, avait fait de son mieux pour rendre la réception aussi éclatante que le lui permettaient des ressources forcément restreintes. Les habitants avaient rivalisé de zèle pour pavoiser et orner leurs maisons; de place en place le drapeau impérial de Russie piquait de points jaunes nos trois couleurs nationales. Des mâts oriflammés, ainsi que les arbres bordant la route qui mène de la gare au camp, étaient reliés par des guirlandes tricolores entrelacées de feuillages.

A l'entrée de l'avenue, une banderole portait cette inscription : « *SATHONAY AU PRÉSIDENT DE LA RÉPUBLIQUE! VIVE LA RÉPUBLIQUE !* »

Plus loin, à l'entrée du camp, on pouvait lire en lettres d'or se détachant sur un large panneau à fond rouge : « *HOMMAGE A M. FÉLIX FAURE! HONNEUR ET GLOIRE AU 200e DE LIGNE!* »

L'aspect rustique de cette décoration, d'une simplicité toute militaire, avait le caractère touchant que savent seuls imprimer à leurs manifestations les braves gens qui cherchent tout bonnement à exprimer ce qu'ils ressentent au fond du cœur lorsque le patriotisme est en jeu.

Les guirlandes de papier et les feuillages, modestes ornements des mâts de Sathonay, ont été, certes, plus éloquents dans leur naïveté que les pompeux arcs de triomphe échafaudés à grands frais, et les prétentieuses décorations dont nous avons eu maintes fois le spectacle au cours de fêtes officielles.

Le jeudi 28 mars, à huit heures et demie du matin, le train présidentiel entrait en gare de Sathonay. Le général Zurlinden, ministre de la Guerre, l'amiral Besnard, ministre de la Marine, le général Tournier, M. Le Gall, le colonel Chamoin, les commandants Bourgois, Lombard et Germinet, accompagnaient seuls M. Félix Faure à l'exclusion de tout élément civil.

Sur le quai de la gare fort joliment ornée : le général Voisin, gouverneur de Lyon; MM. Rivaud, préfet du Rhône; Combarieu, préfet de l'Ain; Rostaing, secrétaire général; Guillot, maire de Sathonay, et le conseil municipal de la ville, attendaient le chef de l'État.

Au moment où M. Félix Faure descendait de son wagon-salon, la batterie d'artillerie, placée à quelques centaines de mètres, sur une hauteur dominant la voie, commençait à tirer les cent un coups de canon de la salve réglementaire ; la population, massée aux abords de la gare, poussait un formidable cri de : « Vive la République ! » « Vive Félix Faure ! »

Le maire de Sathonay s'est avancé vers le Président et, d'une voix tremblante d'émotion, lui a souhaité la bienvenue :

« J'ai l'honneur de vous souhaiter la bienvenue, et de vous présenter le Conseil municipal de Sathonay.

« Soyez persuadé, Monsieur le Président, que nous sommes heureux et fiers de recevoir parmi nous le chef de l'État. »

« Je vous remercie de votre bienvenue, a répondu M. Félix Faure ; je savais qu'en venant dans la commune de Sathonay j'allais me trouver au milieu d'une population qui aime la France, puisqu'elle donne à l'armée une hospitalité si cordiale. »

Un petit garçon, accompagné de deux fillettes, a récité ensuite avec assurance un compliment, et a offert un bouquet à M. Félix Faure, qui a embrassé les trois bambins, cramoisis de plaisir.

Le Président de la République est monté dans son landau attelé de quatre chevaux, montés par des artilleurs ; le Ministre de la Guerre et le général Tournier, secrétaire général de la présidence, ont pris place dans la même voiture ; le Ministre de la Marine, les généraux Voisin et Voyron, et M. Rivaud, dans la seconde ; le général de Boisdeffre, M. Le Gall, chef du cabinet civil, et le préfet de l'Ain, ainsi que les officiers de la maison militaire, dans les voitures suivantes. Un peloton de gendarmes et un escadron du 7e Cuirassiers formaient l'escorte.

Le cortège s'est mis en marche aux sons de la *Marseillaise*, jouée par la musique du 121e d'Infanterie, placée devant la gare.

On avait fait courir le bruit que les Lyonnais, vexés d'avoir été privés de la visite du Président, étaient décidés à bouder et à ne pas venir saluer le chef de l'État, lors de son passage. La foule amenée par les trains de Lyon, et qui a fait un si chaleureux accueil à M. Félix Faure, s'est chargée de donner un démenti formel à ces insinuations plus ou moins malveillantes ; la population lyonnaise est, du reste, trop intelligente, pour ne pas avoir compris et approuvé les motifs qui ont fait agir le Président dans cette circonstance

Le cortège a franchi, au milieu des acclamations de la foule, les quatre cents mètres qui séparent la gare du camp.

Au moment où le Président arrive sur le terrain de manœuvres, le temps, très incertain depuis le matin, paraît se mettre au beau ; le soleil se montre, timidement, il est vrai, mais assez pour éclairer de ses rayons le beau spectacle que nous avons sous les yeux.

Au fond, devant nous, le 200e régiment dessine avec ses bataillons les trois côtés d'un vaste carré. Devant le front du bataillon qui fait face à l'entrée du camp, se tiennent les délégations des troupes autres que le 200e, et qui doivent participer à l'expédition; les quatre colonels des régiments expéditionnaires se tiennent en avant, ayant derrière eux les quatre lieutenants porte-drapeau ; en troisième ligne, les officiers et sous-officiers qui vont recevoir des distinctions honorifiques ; plus loin, enfin, les délégations d'officiers qui représentent l'Artillerie de terre et de mer, le Génie militaire, le 40e bataillon de Chasseurs à pied, le 10e escadron de Chasseurs d'Afrique du 6e régiment, le 30e escadron du Train ; et, sur le flanc, les quatre drapeaux provisoirement portés par quatre sergents du 200e.

Le général Duchesne vient saluer le Président de la République, qui descend du landau et va se placer au centre du carré.

La cérémonie de la remise des drapeaux, qui a, dans sa simplicité, un caractère de réelle grandeur, commence aussitôt; mandés par le général Duchesne, les quatre colonels s'approchent un à un, reçoivent des mains du Président de la République le drapeau confié à leur régiment, et le remettent au lieutenant chargé de le tenir haut et ferme sur les champs de bataille.

M. Félix Faure s'avance ensuite vers les quatre colonels qui, le sabre au poing, se sont replacés sur une même ligne, ayant derrière eux les lieutenants porte-drapeaux, et, d'une voix ferme, prononce l'allocution suivante :

« Officiers, Sous-Officiers
et Soldats du corps expéditionnaire de Madagascar,

« Au nom de la Patrie française, dont il symbolise l'unité et la grandeur, je vous remets ce drapeau.

« Ses couleurs sont connues dans les mers que vous allez traverser et dans la grande île africaine où vous allez protéger nos compatriotes, défendre les intérêts du pays et imposer le respect de nos droits.

« Avec l'autorité des armes, notre drapeau porte dans ses plis tout le génie de la France ; vous ne l'oublierez jamais, et vous saurez vous montrer dignes de la mission civilisatrice que vous confie la République.

« Au cours de cette campagne, vous aurez à affronter des difficultés sérieuses et à donner des preuves de courage, de discipline et d'endurance.

« Sous le commandement de vos chefs, vous serez à la hauteur de tous les sacrifices. Dans les marches, dans les combats, aux heures de péril et aux heures de victoire, en jetant un regard sur vos drapeaux déployés, vous sentirez que la France est avec vous.

« Nous vous suivrons avec fierté et nous attendons avec confiance le moment où vous inscrirez sur ces étendards, intacts aujourd'hui, un premier nom glorieux : Madagascar ! »

Le président de la République procède, aussitôt après, à la remise des décorations qu'il attache lui-même sur la poitrine des officiers et sous-officiers.

Les commandants Coutaud, du 200ᵉ, et Thiébaud, du 121ᵉ; les capitaines Devaux, du 1ᵉʳ régiment étranger; Aubrir, du 1ᵉʳ Chasseurs d'Afrique; Beguin, de la 6ᵉ compagnie du Train; Objois et Bertrand, du 121ᵉ; et l'adjudant Benâtre, de l'Infanterie de marine, reçoivent la croix de chevalier de la Légion d'honneur.

L'adjudant Felipon, du 10ᵉ bataillon de Chasseurs; l'adjudant Charretier, du 1ᵉʳ Tirailleurs; le sergent Jager, du 2ᵉ régiment étranger, reçoivent la médaille militaire.

M. Félix Faure charge, enfin, le général Duchesne de remettre la médaille militaire au sergent Lardillon et aux sergents-majors Truffeau et Latapy, qui sont déjà à Madagascar. L'aumônier du 200ᵉ de ligne reçoit les palmes académiques.

Le Président de la République remonte ensuite dans son landau pour passer en revue le corps expéditionnaire; lorsqu'il arrive devant les étendards, la foule (toujours tenue à distance) lui fait une véritable ovation.

La revue terminée, M. Félix Faure a assisté à pied au défilé, qui s'est effectué par colonnes de compagnie, au son de la marche de *Sambre-et-Meuse*.

Malheureusement, à ce moment la pluie tombait à torrent; le défilé n'en a pas moins été impeccable. Jamais on ne vit plus superbes troupes, ni soldats plus sérieusement entraînés!

Le défilé terminé, le général Duchesne a salué de l'épée le Président de la République.

— Toutes mes félicitations, mon général! dit M. Félix Faure.

— Monsieur le Président, j'ai à Nîmes un bataillon de Chasseurs qui est encore supérieur au 200e.

— Je comprends dans ce cas, répliqua le Président, que vous ayez confiance dans les troupes que vous commandez et à qui, en témoignage de ma satisfaction, je vous demande d'accorder une ration de vin et de lever les punitions.

Cela dit, M. Félix Faure a laissé en plan escorte, cortège et landau, pour se mettre en contact avec la population qui n'a cessé de l'acclamer. Malgré la pluie, qui continuait à tomber torrentiellement, M. Félix Faure, accompagné du Ministre de la Guerre et du Ministre de la Marine, a pénétré au milieu de la foule qui a accueilli le chef de l'État par des bravos frénétiques. Des fenêtres des maisons on lançait des centaines de bouquets de violettes, et durant quelques instants on n'a plus entendu qu'un formidable cri : « Vive le Président ! Vive Félix Faure ! »

Enfin, à onze heures, M. Félix Faure et ses invités se mettaient à table sous une tente, fort élégamment décorée de cuirasses, de sabres et de drapeaux. Les Ministres de la Guerre et de la Marine, le général de Boisdeffre, les généraux Voisin, Voyron et Tournier, les colonels de Torcy, Gillon, si malheureusement enlevé depuis par la maladie, Juffé, Oudry, Bourguié, d'Horme, les préfets du Rhône et de l'Aïn, M. Le Gall, le colonel Chamoin, les commandants Bourgois et Lombard assistaient au banquet.

Au moment des toasts, le Ministre de la Guerre a pris la parole en ces termes :

« Monsieur le Président de la République,

« Au nom du corps expéditionnaire et de l'armée, je vous remercie respectueusement d'être venu présider la cérémonie si simple, et cependant si imposante, de la distribution des drapeaux aux troupes de la Guerre et de la Marine désignées pour la campagne de Madagascar.

« Votre visite au camp de Sathonay, jointe à celles que vous avez déjà faites dans les casernes et hôpitaux militaires de Paris, jointe à l'honneur que vous avez fait au Conseil supérieur de la Guerre en présidant vous-même ses séances les plus importantes, votre visite d'aujourd'hui est pour l'armée un précieux témoignage de votre haute sollicitude.

« L'armée vous répondra par son très respectueux et entier dévouement, et elle ne pourra mieux vous témoigner sa profonde reconnaissance qu'en redoublant de zèle pour remplir complètement tous ses devoirs. Les officiers et les troupes qui vont se mettre en route pour Madagascar, et dont vous venez de voir une partie défiler si brillamment devant vous, vous en fourniront bientôt des preuves.

« L'expédition que va commander le général Duchesne a été préparée par lui-même dans tous ses détails, sous la direction du général de Boisdeffre, chef d'état-major général de l'armée, sous l'impulsion du Ministre et du Gouvernement, qui ont tenu à ne rien négliger.

« De son côté, le Parlement n'a ménagé aucune ressource ; il a voulu que tout ce qu'il est humainement possible de prévoir fût préparé et organisé à l'avance.

« Les troupes qui prendront la mer dans quelques jours vont donc partir dans les meilleures conditions. Elles sauront se montrer dignes des grands efforts qui ont été faits pour préparer et assurer le succès de leurs opérations, dignes des acclamations qui, à Paris comme dans toute la France, comme en Algérie, ont salué leur passage.

« Sous le commandement du chef distingué que le Gouvernement a mis à leur tête, elles sauront mettre toute leur énergie à supporter les fatigues et les privations d'une campagne pénible ; elles prendront toutes les précautions nécessaires pour lutter contre le climat, et, lorsqu'elles auront à donner le baptême du feu aux drapeaux que le Président de la République leur a remis solennellement aujourd'hui, elles sauront le faire avec cette gaieté, cet entrain qui est la qualité maîtresse de notre nation.

« Tous les vœux de l'armée, les souhaits du Gouvernement et de la République tout entière suivront nos camarades au-delà des mers, dans cette île qui est depuis si longtemps une terre de France, et où ils vont rétablir l'ordre et la paix.

« C'est en leur nom, comme en celui de toute l'armée, que je lève mon verre aujourd'hui, pour boire en l'honneur de M. le Président de la République. »

Le Président de la République a répondu :

« Mon cher Ministre,

« Je suis très touché des paroles que vous venez de prononcer, et des sentiments que vous m'exprimez au nom des troupes de la Guerre et de la Marine désignées pour l'expédition de Madagascar.

« L'armée, sauvegarde et espoir de la Patrie, est l'objet constant de la sollicitude du Gouvernement de la République et de la nation tout entière.

« En toute circonstance, elle doit compter sur la sollicitude du chef de l'État.

« Personnellement, je m'honore de lui avoir appartenu à une heure de danger, et je reste profondément attaché de cœur à cette virile école du devoir, du patriotisme et de l'honneur.

« Ainsi que vous le rappelez, le pays a, depuis vingt-cinq ans, consenti tous les sacrifices pour l'armée ; de son côté, l'armée a su répondre à l'attente du pays : elle persévèrera dans la voie du travail, elle conservera ses belles traditions de valeur et de discipline, elle acquerra la force nécessaire pour assurer la paix et la grandeur de la Patrie.

« Le spectacle imposant auquel nous venons d'assister ne laisse aucun doute sur la solidité des belles troupes auxquelles la République confie la défense de ses droits ; elles seront les dignes émules des vaillants équipages de la division navale de l'Océan Indien, et, sous le commandement de M. le général Duchesne, placé à leur tête par la confiance du Gouvernement, elles sauront justifier nos légitimes espérances.

« Je lève mon verre en l'honneur de l'armée et de la Marine, et, au nom de la grande famille française, je bois à tous ceux de ses enfants, soldats et marins, qui vont au loin combattre pour l'honneur et les intérêts de la France. Je les confonds dans une même pensée affectueuse qui les suivra au-delà des mers. »

Ce discours, écouté debout et dans un silence tout militaire, a produit une profonde impression sur tous les assistants.

Après le banquet, M. Félix Faure, malgré la pluie qui tombait avec une violence de plus en plus grande, a voulu visiter les baraquements.

Le collet de son pardessus relevé, et escorté d'un valet de pied, tenant un parapluie au-dessus de sa tête, le Président dit en souriant :

— C'est une tenue peu militaire, mais tant pis !

Dans les baraquements, les soldats du 200ᵉ avaient revêtu la tenue coloniale, vareuse en flanelle bleue avec passepoil rouge et casque en liège recouvert de toile blanche.

Toujours plein de sollicitude pour les humbles, M. Félix Faure, au cours de cette visite, a interrogé les soldats, s'inquiétant de leur famille, de leurs besoins, leur demandant s'ils étaient heureux de partir, les encourageant et laissant à tous une bonne parole.

Enfin, à une heure et demie, le Président de la République, visiblement heureux d'avoir été l'interprète des sentiments de la France envers les soldats, dans cette grande manifestation patriotique, est remonté en landau pour gagner la gare, au milieu d'acclamations de plus en plus chaleureuses.

A deux heures, le train présidentiel quittait Sathonay, et entrait en gare à Paris à dix heures quarante-cinq minutes, après trois courts arrêts de cinq minutes à Bourg, à Mâcon et à Dijon.

Après s'être entretenu quelques instants avec les Ministres des Affaires étrangères et de l'Intérieur, qui l'attendaient sur le quai de la gare, M. Félix Faure a remercié M. Noblemaire, directeur de la Compagnie Paris-Lyon-Méditerranée, M. Picard, ingénieur en chef de l'exploitation, et M. de Lamolère, inspecteur général, de la ponctualité avec laquelle la marche du train avait été réglée.

A onze heures vingt minutes, le Président de la République était rentré à l'Élysée, tout heureux de la satisfaction qu'il avait éprouvée en constatant la superbe allure de nos troupes.

VOYAGE DE NORMANDIE

I

A LA GARE SAINT-LAZARE. — LE TRAIN PRÉSIDENTIEL DE PARIS A ROUEN. — MANTES

Le mardi 16 avril, M. le Président de la République quittait l'Élysée à dix heures et demie, accompagné de ses maisons civile et militaire, escorté d'un escadron de Cuirassiers, et gagnait la gare Saint-Lazare, au milieu des acclamations répétées de la foule, rangée sur son passage. La population parisienne accompagnait de ses vœux M. Félix Faure, dans le voyage qui allait être une longue série d'ovations, voyage où les douceurs de l'intimité allaient l'emporter sur la pompe des réceptions officielles.

C'est pour bien marquer cette intimité que le Président de la République avait décidé, avant de quitter Paris, de ne prononcer aucun discours politique. M. Félix Faure voulait montrer à ceux qui, dès le début de sa carrière politique, avaient toujours eu confiance en lui, qu'il revenait parmi eux pour manifester sa sympathie, et déclarer que son élévation à la première magistrature du pays n'avait en rien modifié ses sentiments à leur égard.

Le cortège présidentiel entrait dans la cour de la gare à dix heures quarante-cinq minutes; sous la marquise de la gare, se tenaient:

MM. Leygues, ministre de l'Intérieur; l'amiral Besnard, ministre de la Marine; Lebon, ministre du Commerce ; Dupuy-Dutemps, ministre des Travaux publics ; le préfet de police ; M. Crozier, directeur du Protocole; MM. Delaunay et Siegfried, députés ; et Waddington, sénateur.

En descendant de voiture, M. Félix Faure était reçu par les Ministres et par le haut personnel de la Compagnie de l'Ouest : MM. Delarbre, président du Conseil d'administration ; Delessert, vice-président ; Robert Dufresne, le baron Hély d'Oissel, Belmontet, Dailly et le vicomte de Vaufreland, administrateurs ; ainsi que par MM. Marin, directeur de la Compagnie ; Clerc, directeur des travaux ; Foulon, secrétaire général.

Précédé de M. Crozier, le Président a pénétré dans la salle d'attente des premières, élégamment décorée de tentures grenat et de plantes vertes.

M. Delarbre a prononcé alors l'allocution suivante :

« Monsieur le Président,

« Au nom du Conseil d'Administration et du personnel de la Compagnie des chemins de fer de l'Ouest, j'ai l'honneur de vous souhaiter une respectueuse bienvenue.

« C'est pour nous une vraie bonne fortune que de saluer ici, dans le chef de l'État, un homme qui, armateur, député, ministre, s'est voué tout entier, avec tant d'éclat, aux questions commerciales et industrielles du pays et à celles des chemins de fer.

« Personne, d'ailleurs, Monsieur le Président, n'y eut plus de compétence que vous, ne fut plus à même de les juger de haut, et c'est, pour les grands intérêts que nous représentons ici, une garantie et un gage de sécurité dont nous sentons vivement tout le prix. Vous pouvez donc compter que, sous votre égide, nous serons toujours prêts à redoubler d'efforts, pour développer la grandeur et la puissance commerciale de notre pays, auxquelles est étroitement liée la prospérité de l'industrie des chemins de fer. »

Le Président a répondu par quelques mots, remerciant M. Delarbre de sa bienvenue ; il a ensuite procédé à la distribution des récompenses à d'anciens ouvriers et employés de la Compagnie. M. Delarbre, s'avançant vers le groupe des agents qui allaient recevoir ces récompenses, leur a adressé des paroles qui ont dû aller au cœur de ces braves gens :

« Mes amis, le Président de la République aime à se trouver au milieu des travailleurs, vous en avez encore une preuve aujourd'hui.

« Au moment d'entreprendre ce voyage à son pays natal, voyage qui sera pour lui — et c'est de toute justice — une longue ovation patriotique, il a tenu à marquer sa première étape à cette grande gare fécondée par votre activité, en vous distribuant, pour vos bons et anciens services, des récompenses qui, données par lui, ont un relief tout particulier.

« Souhaitez donc la bienvenue à ce Président des travailleurs, à celui qui, sorti de vos rangs, et parvenu à la plus haute magistrature de votre pays, tient à honneur de se souvenir de son origine. Vous pouvez, à juste titre, le revendiquer avec fierté pour un des vôtres : « Vive le Président de la République ! Vive M. Félix Faure ! »

Un formidable cri de : « Vive Félix Faure ! Vive le Président ! » a répondu de tous les côtés.

Pendant que l'Harmonie des chemins de fer de l'Ouest jouait la *Marseillaise*, le Président a remis la croix de chevalier de la Légion d'honneur à M. Bauchal, ingénieur de la voie de la Compagnie, qui exécute, en ce moment, avec une rare distinction, les difficiles travaux de reconstruction des cinq grands ponts, sur lesquels la ligne franchit la Seine, avant d'arriver à Rouen. Douze agents de la Compagnie, parmi lesquels MM. Vinante, mécanicien, et Gicquel, conducteurs chargés de la conduite du train, ont ensuite reçu des médailles d'honneur pour ancienneté de services.

Après avoir serré la main de tous les ouvriers et agents, M. Félix Faure s'est dirigé vers le quai, où MM. Belon et Valoys lui ont présenté les membres de la Presse qui allaient l'accompagner dans son voyage.

« Permettez-moi, Monsieur le Président, a dit M. Belon, de vous présenter mes confrères de la Presse qui vont devenir vos compagnons de voyage. Sans porter atteinte à leur indépendance, qui reste absolue, je puis vous assurer de leur sincérité, de leur bonne foi, et surtout de leur profond respect pour votre personne. Je suis heureux de pouvoir vous exprimer ces sentiments en leur nom. »

M. Félix Faure a ensuite pris place dans son wagon, salué par les chaleureux vivats du personnel, des voyageurs et des curieux qui avaient pu pénétrer dans la gare à l'aide de billets de banlieue.

Le train présidentiel, dont la machine était très artistiquement pavoisée, était composé de dix voitures comprenant, outre les salons, dits « salon vert » et « salon grenat », occupés par le Président de la République et appartenant à la Compagnie de l'Ouest, diverses voitures de luxe et des voitures à couloir, nouveau modèle de la Compagnie, le tout présentant un très bel aspect extérieur et un véritable confortable intérieur.

Ont pris place dans le train : les ministres de l'Intérieur, du Commerce et des Travaux publics ; MM. le général Tournier, secrétaire général de la présidence ; Le Gall, directeur du Cabinet ; le commandant Bourgois ; le capitaine de La Motte ; les administrateurs de la Compagnie qui venaient de recevoir le Président ; M. Marin, directeur de la Compagnie ; M. Clerc, directeur des travaux ; M. Foulon, secrétaire général ; M. Chardon, chef de l'exploitation ; M. Morlière. ingénieur en chef de la voie ; M. Clérault, ingénieur en chef du matériel et de la traction ; et M. Moïse, ingénieur en chef de la construction.

Enfin, les représentants de la presse : MM. Pognon et Barbier, de l'*Agence Havas;* Mairesse, président de l'Association des journalistes parlementaires ; Marcellin, de l'*Agence nationale ;* Belon, du *Petit Journal;* Perreau, du *Temps;* Chincholle, du *Figaro ;* H. Valoys, du *Journal;* Crouzet, du *Petit Parisien;* Stiegler, de l'*Écho de Paris;* de Bazillac, du journal des *Débats ;* Mayer Levy, de l'*Agence Fournier ;* Laumann, de la *Paix ;* Borie, du *Rappel ;* Destez, de la *Presse ;* Evrat, du *Soir ;* Darsay, du *Courrier du soir ;* Bertucci du *Gil Blas ;* Lefevre, du *XIX* *siècle;* Moulignier, du *Monde illustré ;* Lordon, de l'*Estafette ;* Patté ; MM. Francis Petit, Gers et Boyer, photographes.

A onze heures, la locomotive lançait son coup de sifflet; le train s'ébranlait, salué par les nouveaux vivats des employés groupés sur les toits des wagons, tandis que l'Harmonie du chemin de fer de l'Ouest, massée sur le quai, jouait la *Marseillaise*. Toutes les fenêtres des maisons donnant sur la gare étaient garnies de spectateurs; le pont de l'Europe, noir de monde; le soleil, qui a voulu être de la fête, éclairait ce spectacle émouvant et d'un si bon présage.

Le premier arrêt du train présidentiel, à Mantes, allait, du reste, nous donner une idée de l'accueil qui attendait M. Félix Faure dans toutes les localités qu'il devait traverser.

Bien avant la gare de Mantes-la-Jolie, la population avait envahi les champs en bordure de la voie ferrée; mouchoirs et chapeaux étaient agités aux cris de : « Vive le Président ! »

Beaucoup de personnes, des femmes surtout, avaient à la main des petits drapeaux qu'elles brandissaient au passage du train.

A midi moins quelques minutes, la machine stoppait dans la gare de Mantes.

Sur les deux quais les sapeurs-pompiers et les Sociétés de gymnastique formaient la haie, contenant avec peine une foule énorme accourue de tous les environs. Lorsque le Président apparaît sur la plate-forme de son wagon, un immense cri de: « Vive Félix Faure ! » retentit.

Les présentations commencent aussitôt.

Le maire de Mantes souhaite la bienvenue au Président, qui répond par quelques paroles aimables. M. Maret, sénateur, présente les membres du Conseil général, « qui ont tenu, dit-il, à venir assurer le premier magistrat de la République de tout leur respect et de toute leur sympathie. »

Parmi les personnes présentes, on remarque MM. Decauville, Ernest Hamel, sénateurs ; Paul Lebaudy, député, etc.

Avant de remonter dans son wagon, le Président passe en revue la compagnie de pompiers et les délégations. Il accepte une magnifique corbeille de fleurs qui lui est offerte au nom de la Société agricole, par une jolie jeune fille, qu'entourent les membres de cette Société.

L'arrêt ne devait être que de dix minutes ; mais, le Président tenant à dire un mot aimable à tous, ce n'est que vingt minutes après que le train repart, pendant que les musiques jouent la *Marseillaise*, et que tonne un petit canon bourré par deux hommes d'équipe. La foule pousse de nouveaux cris : « Vive Félix Faure ! Vive la République ! »

Au moment de partir, nous saisissons au vol un lambeau de conversation entre un vieux curé et ses collègues :

— Il est bien à l'aise ! dit le brave prêtre en désignant M. Félix Faure, et dépeignant ainsi à sa façon l'affectueuse bonhomie dont venait de faire preuve le chef de l'État.

En quittant Mantes, nous filons à toute vapeur pour rattraper le temps perdu et arriver à Rouen à l'heure fixée par le programme.

A partir de Sotteville, même spectacle qu'aux approches de Mantes : les deux côtés de la voie sont encombrés de spectateurs qui acclament le Président ; plus nous approchons, plus les vivats deviennent nourris. A une heure et demie, le train pénètre sous le dernier tunnel qui aboutit à la gare de Rouen.

II

ROUEN. — LES RÉCEPTIONS. — LES VISITES
LE BAL A L'HOTEL DE VILLE

L'activité la plus extraordinaire régnait à Rouen depuis quelques jours : municipalité, comités de quartier et habitants rivalisaient de zèle pour préparer à l'ancien élu du département de la Seine-Inférieure une réception digne de lui. Le maire, M. Laurent, avait annoncé en ces termes la visite du chef de l'État :

« Mes chers Concitoyens,

« Après avoir remis les drapeaux aux troupes de l'expédition de Madagascar, le Président de la République va faire, à la ville de Rouen, le grand honneur de son premier voyage officiel.

« Il vient nous visiter, pour affirmer sa sollicitude envers le chef-lieu du département de la Seine-Inférieure, dont il fut l'élu.

« Sorti des rangs de la démocratie, le premier magistrat de la République recevra, de la population tout entière, le plus chaleureux accueil; nous tiendrons à ce qu'il emporte, de son séjour parmi nous, un tel souvenir qu'il lui sera, de nouveau, agréable de revenir à Rouen, lors de notre belle Exposition nationale et coloniale.

« Préparons-nous tous à recevoir dignement M. Félix Faure, ainsi que les membres du Gouvernement qui l'accompagnent; nous les saluerons au cri unanime de : « Vive la République ! »

Secondé par d'habiles et actifs commissaires, parmi lesquels nous citerons : MM. Vauclin, chef du secrétariat de la mairie, Bourgeon, conseiller municipal, et Rollet, conseiller d'arrondissement (les autres nous excuseront de ne pas les nommer, la place nous faisant défaut), M. Laurent a eu la satisfaction de voir que tous, depuis les plus riches jusqu'aux plus pauvres, avaient répondu à son appel. Tous, en effet, ont voulu contribuer à la manifestation de sympathie qui se préparait.

On a souvent prétendu que le Normand était rétif à l'enthousiasme; les Rouennais ont donné une preuve éclatante du contraire, ou, plutôt, ils ont démontré que, si l'emballement est inconnu des descendants de Rollon, ceux-ci n'ont pas assez de vivats pour celui qu'ils jugent digne de leur estime. Le résultat, comme on va le voir, a répondu aux efforts de la municipalité, et le Président de la République pouvait dire, le soir, en se félicitant de la chaleureuse réception qui venait de lui être faite : « Que vont dire mes braves Havrais ? »

Mais reprenons notre récit.

A une heure quarante minutes, le train présidentiel entrait en gare de Rouen. Le général Giovanninelli, le maire et toutes les autorités attendaient le Président sur le quai.

Le maire de Rouen, M. Laurent, souhaite, le premier, la bienvenue à M. Félix Faure en ces termes :

« MONSIEUR LE PRÉSIDENT DE LA RÉPUBLIQUE,

« Je suis heureux de vous souhaiter la bienvenue au nom de la ville de Rouen. Vous allez trouver ici tous les cœurs battant à l'unisson, et, je l'espère, une réception digne de vous et du Gouvernement de la République, représenté par trois de vos Ministres.

« Ce ne sera ni la flatterie, ni le désir de complaire qui s'adresseront au chef de l'État, mais bien l'élan et la spontanéité d'une population heureuse de saluer l'un des siens, sorti des rangs des travailleurs pour diriger, avec vaillance, les affaires du pays.

« Ce n'est pas un souverain que nous recevons, c'est un ami, c'est un ancien élu, c'est le chef respecté d'une estimable famille; c'est, en un mot, le gardien de la Constitution républicaine.

« Les dernières divisions, s'il en existait, semblent même avoir disparu du jour de votre élection. Aussi, sans craindre d'être démenti, c'est au nom de l'unanimité de mes concitoyens que je vous prie d'entrer dans notre bonne ville de Rouen.

« Vive la République! »

Le Président de la République répond qu'il a tenu à ce que sa première visite fût pour la Normandie, et qu'il se réjouit de se retrouver au milieu de ceux qu'il considère comme ses amis.

Le général Giovanninelli exprime ensuite les hommages de respect et de dévouement du IIIe Corps d'armée; puis, l'amiral de Cuverville, préfet maritime de Cherbourg, dit que « la ville de Rouen, ville maritime, est heureuse de recevoir un ancien Ministre qui, placé à la tête de la Marine française, a laissé dans ses rangs de si touchants souvenirs ».

Faisant, enfin, allusion à l'excellente détermination prise par le Président de la République, de présider lui-même les séances du Conseil supérieur de Guerre, l'amiral de Cuverville dit en terminant :

« Je me félicite d'avoir le bonheur, comme préfet maritime de Cherbourg, de saluer le premier magistrat de l'État, auquel sont confiés les grands secrets de la défense nationale. »

M. Félix Faure distribue ensuite des médailles à de vieux employés de la Compagnie de l'Ouest et gagne son landau, le même qui a déjà figuré à la revue de Sathonay, et qui est destiné à tous les voyages.

Le cortège se forme aussitôt: M. Laurent, maire de Rouen; le général Giovanninelli et le général Tournier, prennent place dans le landau présidentiel. L'escorte est fournie par des gendarmes, un escadron du 12e Chasseurs et un escadron du 6e Dragons.

A peine la voiture du Président a-t-elle débouché dans la rue Verte, qu'un immense cri de : « Vive Félix Faure ! » s'élève de la foule, maintenue à grand'peine par la troupe. Sur tout le parcours, de la gare à la préfecture, les cris ne vont pas discontinuer.

Les fenêtres, les balcons, les toits sont littéralement envahis. Le cortège s'engage dans la rue Jeanne-d'Arc qui, coupant la ville en deux, descend vers la Seine; du haut de cette rue, le coup d'œil est féerique. Un superbe arc de triomphe en bois peint en occupe l'en-

trée; la décoration représente allégoriquement le commerce, l'industrie, l'agriculture et les beaux-arts. De quinze mètres en quinze mètres, sur toute la longueur de la rue, des mâts oriflammés sont reliés par des cordons de lanternes vénitiennes ; beaucoup de balcons sont garnis de tentures, et au-dessus de tout cela l'éblouissant papillottement des trois couleurs nationales, faisant presque disparaître la façade des maisons. Au dessous, un fourmillement de têtes découvertes et de bras agitant chapeaux et mouchoirs.

Arrivé à la rue Rollon, le cortège laisse la rue Jeanne-d'Arc pour traverser la place du Vieux-Marché. Aux deux extrémités de la place, deux arcs de triomphe représentent les anciennes portes de la ville de Rouen : au milieu a été élevée une intéressante reconstitution de

La façade de la maison de Pierre Corneille; une profusion d'arbustes verts complètent un ensemble de décoration des plus réussis.

Rue de Crosne, des fleurs sont lancées des fenêtres; le landau présidentiel en est couvert.

Mais nous voici à la préfecture; les réceptions y ont amené, non seulement les délégations des corps constitués, mais un nombre invraisemblable de Sociétés particulières.

Les présentations ont commencé aussitôt :

M. Laurent, maire de Rouen, prend, le premier, la parole pour présenter le Conseil municipal :

« MONSIEUR LE PRÉSIDENT DE LA RÉPUBLIQUE,

« J'ai l'honneur de vous présenter le Conseil municipal de la ville de Rouen, et je suis heureux de vous dire que tous ses membres, unis dans le même sentiment, ont accueilli avec joie la pensée délicate qui vous a déterminé, au début de votre présidence, à venir au chef-lieu de la Normandie.

« La ville de Rouen n'a pas oublié, en effet, qu'elle vous a compté parmi ses représentants à la Chambre des députés. Elle a suivi depuis, avec le plus grand intérêt, vos efforts laborieux, tant dans l'intérêt général que dans celui de la circonscription que vous représentiez. Il n'y a pas longtemps, elle applaudissait à votre élévation au poste, si magistralement tenu par vous, de Ministre de la Marine.

« Appelée par ses destinées à s'intéresser plus que jamais, et dans l'intérêt même du pays, aux choses de la navigation, elle vous a su le plus grand gré de venir, l'année dernière, avec M. le Ministre des Travaux publics, vous rendre compte des travaux si nécessaires en basse Seine et, dans l'intérêt, national aussi, du port du Havre.

« De beaux résultats ont suivi cette visite, et si la Marine a perdu un chef qu'elle se complaisait à considérer comme un des siens par sa valeur, sa capacité et son esprit d'initiative, la France entière a gagné un Président de la République déjà populaire. Cette popularité est de bon augure et ne nuit en rien à la saveur démocratique qui se dégage de votre élection, parce que tous les travailleurs, petits ou grands, ont le droit d'être fiers de leur Président.

« Quand on a mis la main à la pâte, on sait diriger les autres. Dans la mesure de vos attributions constitutionnelles, vous saurez être utile à nos institutions par un acheminement progressif vers les solutions attendues, à notre contrée en particulier, par l'intérêt que vous porterez aux ports de Rouen et du Havre.

« Le Conseil municipal de Rouen, qui est mon ferme soutien, s'attachera à rendre plus facile l'accomplissement des réformes qui s'imposent et collaborera dans sa sphère, croyez-le bien, à vous rendre agréable la tâche que vous avez acceptée, et que nous vous souhaitons toujours heureuse dans ses évolutions. »

M. Félix Faure répond :

« Après avoir porté au corps expéditionnaire de Madagascar l'expression de la confiance et de l'affection de la Patrie, j'ai tenu à faire mon premier voyage dans la Seine-Inférieure, à être d'abord l'hôte de la ville de Rouen. En venant au milieu de vous, celui qui, en 1885, fut l'élu du département, acquitte une dette de cœur.

« Je désire conserver à cette visite le caractère que lui donne la présence auprès de moi de vos représentants au Parlement, mes collègues d'hier et toujours mes amis.

« Je vous remercie de l'accueil si cordial que je reçois de vous et de vos concitoyens. Ces témoignages de sympathie et de confiance me sont précieux par leur spontanéité ; ils constituent le plus puissant des encouragements pour accomplir des devoirs auxquels je me suis tout entier dévoué.

« Ma foi politique vous est connue depuis le jour où j'ai commencé à lutter avec vous pour la République ; nous n'avons jamais cessé de nous trouver d'accord sur le but de nos efforts communs, pour le bien de la démocratie.

« Je sais que je ne puis mieux répondre à vos propres sentiments, qu'en m'efforçant de faire prévaloir une politique de paix, de conciliation et de rapprochement, qu'en consacrant toute mon énergie à la grandeur de la Patrie et de la République. »

En présentant le clergé, l'archevêque de Rouen, Mgr Sourrieu, s'exprime en ces termes :

« MONSIEUR LE PRÉSIDENT DE LA RÉPUBLIQUE,

« Je vous présente, avec mes propres hommages, ceux du clergé de Rouen et du diocèse. Nous sommes heureux de voir la première magistrature de la République, occupée par l'un des plus dignes fils de la Normandie, car toute votre carrière s'est déployée dans cette province.

« La fidélité de la Normandie à la religion est profonde. Le sol normand est appelé « la terre classique du bon sens ». Or, le bon sens attache solidement les peuples aux croyances. Bossuet le nomme « le maître de la vie humaine ». Vous l'avez expérimenté, Monsieur le Président, puisque, en vous appuyant sur le bon sens, doublé chez vous d'une grande loyauté et de l'amour du travail, vous êtes arrivé à la plus haute des fonctions publiques.

« Nous prions Dieu d'ajouter par surcroît à ces qualités essentielles la force et toutes les grâces nécessaires pour réaliser l'union définitive des partis, assurer la prospérité de notre France et lui conserver, par l'honnêteté des mœurs, l'estime durable de l'Europe et du monde entier.

« Daigne la Providence vous accorder la gloire de procurer ce bienfait à notre pays »

M. Félix Faure répond :

« Je vous sais gré, Monseigneur, des vœux que vous venez d'exprimer. Je l'ai déjà dit dans ce pays : « Le drapeau de la République est assez large pour couvrir tous les Français. »

« Le temps nous a prouvé en marchant qu'à l'ombre de ce drapeau il y a place pour tous les hommes de bonne volonté, quelles que soient leurs idées et leur foi religieuse.

« Je suis heureux, Monseigneur, de me rencontrer avec vous pour souhaiter ardemment l'union de tous les Français, et par cette union la grandeur de la Patrie. »

M. Hendlé, préfet de la Seine-Inférieure, présente ensuite les maires du département :

MONSIEUR LE PRÉSIDENT,

« J'ai l'honneur de vous présenter MM. les maires du département, venus en très grand nombre pour saluer le chef de l'État, et lui offrir leurs respectueux hommages. Les uns sont de vieux républicains de la veille et même de l'avant-veille, qui ont lutté pour la République et pour la liberté, et quelquefois souffert pour elles. D'autres ont apporté à nos institutions républicaines leur adhésion réfléchie, sincère et loyale, et ont pris rang parmi leurs plus fermes défenseurs. Quelques-uns enfin, en petit nombre, sont restés fidèles à d'anciens souvenirs et d'anciennes traditions, mais, sans partager notre foi politique, entretiennent avec les pouvoirs publics les relations les plus courtoises, et remplissent tous leurs devoirs dans l'exercice de leur mandat municipal. Tous sont animés, pour votre personne, de la plus respectueuse sympathie. Tous ont considéré comme un jour heureux, celui où l'Assemblée nationale a confié les destinées de notre pays au citoyen éminent qui avait longtemps et si brillamment représenté à la Chambre des députés notre magnifique département. Tous espèrent que votre septennat sera une ère de paix, de grandeur et de prospérité pour la Patrie. »

M. Félix Faure, qui a fait à tous les maires (quatre cents environ) un accueil des plus sympathiques, répond à M. Hendlé :

« Je vous remercie de la démarche que vous faites aujourd'hui. J'en suis profondément touché. Je vois parmi vous d'anciens combattants avec lesquels je m'honore d'avoir lutté pour la République. Vous avez tous une œuvre de dévouement à accomplir, et vous vous y attachez avec dévouement ; quels que soient vos traditions et vos souvenirs, vous avez à cœur de servir la France et de faire les affaires des petits, chacun dans votre sphère, chacun dans la commune que vous administrez.

« La République, depuis vingt-cinq ans, a réalisé d'énormes progrès ; elle est en ce moment le seul Gouvernement capable de réunir tous les Français. C'est à des patriotes que je parle, et je leur dis : il n'y aura bientôt, il ne doit y avoir qu'une seule foi politique, la République.

« Et, maintenant, laissez-moi pousser ces trois cris qui me sont chers : Vive la population rouennaise ! Vive la Seine-Inférieure ! Vive la République ! »

C'est au tour des instituteurs qui, eux aussi, sans exception, ont tenu à venir rendre leurs hommages au chef de l'État. Ils sont présentés en ces termes par le préfet :

« MONSIEUR LE PRÉSIDENT,

« En vous présentant les instituteurs et les institutrices du département, je suis heureux de rendre hommage au dévouement absolu avec lequel notre personnel enseignant remplit sa tâche patriotique et accomplit tous ses devoirs professionnels. Nos instituteurs sont reconnaissants au Gouvernement de la République de ce qu'il a fait depuis plus de vingt ans pour développer, sous toutes les formes et sur tous les points du territoire, l'éducation populaire, pour améliorer les conditions matérielles et élever la situation morale des éducateurs de la jeunesse. C'est l'image même de la Patrie qu'évoque en ce moment à leurs yeux la présence du chef de l'État, et la République n'a pas de plus fermes soutiens, la France n'a pas de serviteurs plus dévoués. »

M. Félix Faure répond :

« MESSIEURS LES INSTITUTEURS,

« Je suis très touché de l'empressement que vous avez mis à venir m'apporter aujourd'hui l'expression de vos sentiments. Vous avez tenu à saisir cette occasion de donner un nouveau témoignage de votre fidèle attachement aux institutions républicaines. Je vous en remercie.

« Je sais avec quel zèle vous servez le pays. Il vous a confié l'âme de ses enfants. C'est à vous qu'incombe la grande et noble mission d'élever dans l'amour de la justice et de la liberté, les futures générations de la démocratie. Vous êtes en quelque sorte les dépositaires de l'avenir. Vous n'avez pas seulement à éclairer des intelligences, vous avez à former des caractères. Vous êtes des éducateurs autant que des instructeurs, vous avez charge de cœurs et de consciences.

« La République compte sur vous, Messieurs, pour lui préparer des citoyens dévoués, des patriotes et d'honnêtes gens. »

Le recteur de l'Académie de Caen, M. Zevort, présente les membres du Corps universitaire en constatant que « Rouen possède une chose plus rare et plus précieuse que la richesse : ses lettres et ses arts ».

Le Président répond à M. Zevort :

« Je sais ce que l'Université a fait de bon et de grand pour la France. La République a lieu de s'enorgueillir des hommes qui vous entourent. Je serai fier d'être des vôtres, lorsque dans quelques jours l'Université célèbrera le centenaire de l'École normale. Je suis convaincu qu'en assistant à cette fête le Gouvernement fera un acte qui sera hautement apprécié par tous les Français, car ceux-ci savent tout ce que vous avez fait et tout ce que vous pourrez faire encore pour la République. »

M. Letellier, président du Conseil général de la Seine-Inférieure, félicite ensuite le Président de la République de sa popularité croissante, « popularité due à la gracieuse sollicitude de M. Félix Faure pour les classes laborieuses, en un mot pour tous les déshérités ».

M. Letellier termine en affirmant le dévouement des populations de la Seine-Inférieure aux institutions républicaines.

« Je suis heureux, répond le Président, d'entendre les sentiments que vous venez de m'exprimer. J'ai beaucoup d'amis parmi vos collègues du Conseil général, car nous avons beaucoup travaillé ensemble. Je leur adresse tous mes remerciements pour l'accueil chaleureux et émouvant qui m'est fait dans le chef-lieu du département. »

M. Manchon, vice-président de la Chambre du Commerce, vient ensuite excuser M. Duchemin, président, empêché par une maladie, et se féliciter de voir « à la tête de la République un homme comme M. Félix Faure à qui les questions commerciales sont si familières ».

Les réceptions des corps constitués prennent fin avec celles du Tribunal de 1re instance et de la Chambre des Avoués.

« Je connais les services que vous rendez tous les jours, a dit M. Félix Faure, et je suis convaincu que vous persévèrerez dans vos traditions de dévouement à vos fonctions et de fidélité à la République. »

Le défilé de toutes les Sociétés particulières commence aussitôt après ; citons au hasard parmi ces Sociétés:

Sauveteurs médaillés de l'État ; Sauveteurs d'Elbœuf ; Anciens Militaires et Vétérans (M. Bouvard); Volontaires de Normandie ; Anciens Militaires coloniaux ; Ligue patriotique ; Voyageurs de commerce ; La Prévoyance mutuelle ; Union philanthropique ; l'Alliance ; Cercle musical ; Cercle sténographique ; l'Émulation chrétienne ; Saint-Esprit ; Sauveteurs hospitaliers de Rouen ; l'Union ; Ouvriers couvreurs plombiers ; l'Union fraternelle ; Union des syndicats rouennais ; Entrepreneurs de couverture et plomberie ; Fédération des syndicats ouvriers ; Corroyeurs-tanneurs ; Chaudronniers ; Ouvriers Charrons ; les Prévoyants de l'Avenir ; la Fanfare libre de Petit-Couronne ; la Prévoyance de Sotteville ; Solidarité et Prévoyance ; 2e bataillon des Combattants du 94e de marche ; Fanfare rouennaise ; Combattants de 1870-71 ; Hospitaliers-sauveteurs bretons ; Chambre syndicale des Ouvriers tapissiers ; 50e Mobile ; Refuge de Bihorel ; Syndicat de la Boulangerie ; Chambre des Limonadiers ; Cercle de Danse.

Comme on peut le voir par cette liste incomplète, M. Félix Faure a voulu que l'éclectisme le plus loyal présidât à l'acceptation des Sociétés qui désiraient lui présenter leurs hommages.

A signaler au milieu de cet interminable défilé :

La Société de Géographie, qui a remis au Président la reproduction, imprimée à un seul exemplaire, de la conférence qu'il fit il y a huit ans, en qualité de député du Havre ;

Une délégation des corporations ouvrières, présentée en ces termes par un conseiller général :

« Votre avènement à la Présidence de la République, dit-il, a été marqué par un acte qui, depuis longtemps, était demandé et qui a été accueilli avec enthousiasme par la France entière : je veux parler de l'amnistie.

« Vos débuts ont été heureux et augurent favorablement pour l'avenir. Nous sommes certains que vous ne vous arrêterez pas en aussi bonne voie, et que tous vos efforts tendront à mener à bien les lois si impatiemment attendues par les travailleurs, lois concernant la Caisse de retraites des travailleurs.

« Nous vous suivons également par la pensée et avec grand intérêt, dans les nombreuses visites que vous voulez bien faire dans les hôpitaux aux malheureux affligés de la nature.

« Nous rendons hommage au zèle et au dévouement que vous apportez pour aider ou soulager les victimes du devoir ou du travail. Mieux que tout autre, vous êtes à même d'apprécier et de juger combien sont intéressants les travailleurs laborieux, et c'est un honneur pour nous de voir à la tête du Gouvernement de la République un homme sorti de nos rangs. C'est aussi un grand honneur pour la France de voir un enfant du peuple élevé à la plus haute magistrature qui puisse être confiée à un citoyen français.

« Soyez certain, M. le Président, que nous prenons bonne note de vos actes humanitaires, et que ce sont autant de souvenirs que nous aimons à nous rappeler. »

A cette allocution, qui a été d'autant plus remarquée qu'elle a été prononcée par un homme dont le radicalisme est connu, M. Félix Faure a répondu :

« Je suis touché des témoignages d'estime des travailleurs. Vous avez raison de dire que vous pouvez compter sur moi : mon affection, mon dévouement vous sont acquis. Les sentiments de concorde et d'union doivent animer tous les citoyens. J'espère que les associations auxquelles vous vous intéressez mettront leur dévouement au service de la République sagement, mais nettement progressive, telle que vous la comprenez et telle que nous la comprenons nous-même. »

Les survivants du bataillon des mobiles de 1870-1871 ont été présentés par le capitaine Dyel de Graville.

Personne n'ignore que M. Félix Faure était, pendant la guerre, commandant d'un bataillon de mobiles du Havre et qu'il prit une part active aux préparatifs de défense organisés dans cette ville ; aussi la démarche des anciens mobiles a-t-elle été particulièrement sensible au Président de la République.

« C'est moins du cri de : « Vive le Président ! » que du cri de : « Vive le commandant ! » que je viens vous saluer ! » a déclaré le président de la Société.

L'ancien député réactionnaire de Dieppe, M. Estancelin, qui fut colonel de mobiles, et qui est actuellement maire d'une commune du département, s'est entretenu avec M. Félix Faure des souvenirs de l'année terrible.

« Ma démarche, a-t-il dit en terminant, n'a pas de caractère officiel, et c'est sans arrière-pensée que je viens saluer en M. Félix Faure le chef de l'État. »

Voici la liste des décorations distribuées, ou, plutôt, remises par le Président au cours des réceptions que nous venons d'énumérer :

Chevaliers de la Légion d'honneur : MM. Huet, conseiller à la Cour ; Robert, ouvrier typographe au *Journal de Rouen*, conseiller municipal ; Lefrançois, président au Tribunal de Commerce d'Yvetot ;

Officier de l'Instruction publique : Mlle Raullet, directrice d'école à Rouen ;

Officiers d'Académie : M. Huet, directeur d'école à Rouen; Mme Dupont, directrice d'école à Maromme; MM. Buée, maire de Criquiers; Gaudel, maire de Saint-Étienne-du-Rouvray; Toutain, syndic des notaires; Morel, chef de bureau à la préfecture; Decaux et Delestre, professeurs au lycée Corneille; l'abbé Colette, aumônier au lycée; Levillain, adjoint au maire; Ridel, conseiller municipal; Aubé, sous-bibliothécaire de la ville; D. Duputel, inspecteur des écoles; Rhem, ancien maire de Darnétal; Guéroult, ancien conseiller d'arrondissement; Nonorgue, ouvrier mécanicien;

Chevaliers du Mérite agricole : MM. Durand, maire de Petit-Couronne; Chemin, maire de Boos; Gallemand, maire de Vatierville; Bigot, conseiller municipal à Saint-Paër; Rochette, président de la Société des courses de Rouen; Duquesne, vétérinaire à Buchy; Guilbeuf, agriculteur au Houlme; Bourdon, agriculteur à Guernes; Lapierre, constructeur de machines agricoles à Rouen; Duverdré, fondateur du Syndicat de la Charcuterie française;

Enfin, une série de médailles d'honneur ou de sauvetage.

Pendant que M. Félix Faure, toujours infatigable, recevait debout, durant près de trois heures, les hommages des corps constitués et des Sociétés, M. Hendlé, dont nous aurons souvent à louer la sollicitude, au cours de ce voyage, avait eu l'heureuse idée de faire servir un lunch aux personnes de la suite du Président. La très aimable Mme Hendlé a fait les honneurs de ce repas d'autant plus apprécié qu'on était parti de Paris sans déjeuner.

— Vous êtes notre sauveur ! lui disaient les malheureux prêts à défaillir de faim.

— Vous exagérez, Messieurs; je ne désire qu'une chose, c'est de l'être réellement si l'occasion se présente.

A cinq heures, le cortège pouvait, enfin, se reformer pour les visites inscrites au programme.

M. Félix Faure a voulu que sa première visite fût pour les malheureux; aussi a-t-il commencé par l'Hôpital général.

Pour y arriver, le cortège a traversé un quartier ouvrier; l'accueil fait au Président a été des plus chaleureux; les travailleurs avaient fait des merveilles pour décorer leurs humbles demeures. Sur le parcours, de gracieuses fillettes sont parvenues à franchir la haie de Chasseurs qui les séparait de M. Félix Faure; ce dernier a aussitôt fait arrêter son landau, pour recevoir les fleurs qui lui étaient offertes au nom de la « Fraternité des Combattants de 1870 », de l' « Émulation chrétienne de Rouen » et des « Enfants abandonnés du Refuge Saint-Guillaume ».

A l'Hospice général, le Président de la République a été reçu par le maire qui lui a présenté le personnel de l'établissement, médecins, sœurs et internes.

— Ici, Monsieur le Président, a dit M. Laurent, le devoir n'a pas d'âge, tout le personnel est digne des plus grands éloges.

Le maire a terminé en demandant la croix de la Légion d'honneur pour M. Picard, vice-président du Conseil d'administration de l'Hospice.

« Je sais, a répondu M. Félix Faure, en s'adressant au personnel, tout ce que votre mission comporte de dévouement à la chose publique. Vous êtes les auxiliaires des pauvres et des malheureux; c'est là une noble tâche. Ce que vous faites est bien, ce que vous faites est beau. En servant les malheureux Rouennais vous servez la France. Au nom des malheureux que je vais visiter dans un instant, je vous remercie. »

Le Président a ensuite commencé sa visite en passant devant les vieillards assistés et les enfants infirmes, rangés dans le jardin. Un pauvre vieux, s'avançant tout tremblant vers M. Félix Faure, lui a offert un bouquet.

— Quel âge avez-vous? a demandé le Président au vieillard en lui serrant la main.

— Quatre-vingt-quatre ans.

— C'est superbe! Je suis heureux de vous voir aussi bien portant. Avez-vous encore de la famille?

— Oui, Monsieur le Président.

— Vient-elle vous voir?

— Non, Monsieur le Président.

— Eh bien! aujourd'hui, c'est la grande famille qui vient à vous!

Et le pauvre vieux de se mettre à sangloter d'émotion.

Parcourant toutes les salles, M. Félix Faure a, suivant son habitude, adressé la parole à de nombreux malades, pour s'informer de leurs souffrances, de leurs ressources et de leur famille. A tous, il laisse un mot de consolation, ou un secours au plus nécessiteux. Aux bambins cloués dans leur lit de douleur, il promet une ample distribution de poupées.

Maintes fois nous avons été témoin à Paris de scènes analogues, lorsque M. Félix Faure visitait les établissements hospitaliers.

De l'Hôpital, le Président de la République s'est rendu à la caserne Hatry où sont casernées cinq compagnies du 24e de ligne.

Dans la grande cour étaient déployés les cinq compagnies un peloton de Gendarmerie et un escadron de Chasseurs.

M. Félix Faure a procédé avec le cérémonial ordinaire à la remise des décorations suivantes :

La croix d'officier de la Légion d'honneur, au lieutenant-colonel Roy, du 24e territorial; la croix de chevalier de la Légion d'honneur, au capitaine Béaucher, du 24e de ligne; les palmes académiques au capitaine Lemoine, de l'infanterie territoriale, président de la Société de tir d'Eu; la médaille militaire, à l'adjudant Martinon, du 12e Chasseurs, au brigadier Colin et à Alexandre, gendarmes.

Le Président, après avoir passé sur le front des troupes, s'est rendu dans la salle d'honneur où se trouvent les anciens drapeaux (reconstitués) du régiment. Le général Giovanninelli a prononcé une courte allocution.

« Le 24e, comme l'armée tout entière, a-t-il dit en terminant, travaille et n'a d'autre souci que les intérêts de la défense nationale ! »

M. Félix Faure a répondu :

« Je sais comment l'on travaille dans l'armée, et je suis heureux que mon voyage en Normandie m'ait permis de visiter la caserne Hatry.

« Je connais le IIIe Corps d'armée depuis longtemps.

« Deux années de suite, j'ai suivi ses manœuvres. L'esprit qui l'animait était excellent, et il n'a pas changé; son dévouement est à la hauteur de tous les sacrifices. Depuis Marengo, le 24ᵉ de ligne a laissé son nom dans l'histoire. Les soldats d'aujourd'hui seront dignes de leurs aînés. »

Le Président de la République s'est, enfin, retiré, après avoir visité toutes les chambres et les cuisines, en interrogeant un grand nombre de soldats.

En quittant la caserne Hatry, le cortège s'est dirigé vers la crèche Saint-Jean, où l'avaient précédé : Mme Faure, Mme Berge, Mlle Lucie Faure, Mme et Mlle Dupuy-Dutemps, Mme Leygues et Mme Tournier, arrivées à Rouen par le rapide de trois heures dix-huit minutes. Ces dames avaient été reçues à la gare de la rue Verte par Mme Hendlé, femme du préfet de la Seine-Inférieure; le commandant La Garenne; MM. Robert Dufresne, Belmontet et de Vaufreland, administrateurs; Foulon, secrétaire général de la Compagnie de l'Ouest.

La Compagnie avait, au départ de Paris, fait déposer dans le wagon-salon une superbe corbeille de fleurs, offerte par elle à Mme Félix Faure.

A son arrivée à la crèche, le Président de la République a été reçu par le maire de Rouen qui a prononcé l'allocution suivante :

« Monsieur le Président de la République,

« Après avoir visité les malades et les soldats, vous avez voulu voir les petits enfants ; je voudrais que toutes les crèches fussent réunies en pareille circonstance. Mais, dans une grande ville, leur dissémination est nécessaire et si la crèche Saint-Jean a eu la faveur de votre visite, elle peut, tout au moins, attribuer cet avantage à son ancienneté.

« Vous avez connu ses fondateurs et ses principaux donateurs, soit à la Chambre, soit au Conseil général.

« Les dames inspectrices, auxquelles ont bien voulu se joindre, dans une pareille circonstance, Mme Félix Faure et vos filles, n'ont jamais compté qu'avec le devoir et la charité. Mme Hendlé leur en donne l'exemple et, quels que soient leurs sentiments personnels en la matière délicate de la liberté de conscience, elles apportent à nos administrateurs un zèle et un dévouement dont nous ne saurions nous montrer trop reconnaissants.

« Nous vous remercions, Monsieur le Président de la République, de votre bonne visite, et nous prions Mme Félix Faure de bien vouloir accepter cette corbeille de fleurs, offerte par la Ville de Rouen et la Crèche Saint-Jean, en souvenir de son passage ici. »

Il est inutile d'ajouter que ce petit discours a été accompagné des cris perçants poussés par les moutards recueillis dans l'établissement.

— Allons voir ces jeunes citoyens ! a dit M. Félix Faure.

Pendant toute la durée de la visite, les jeunes citoyens, probablement pour saluer à leur manière le chef de l'État, ont redoublé d'énergie au grand détriment de leurs cordes vocales. Berceaux et couchettes de bébés étant inspectés, le Président s'est retiré.

Avant de partir, Mme Félix Faure a fait une ample distribution de jouets et de gâteaux, distribution qui n'a fait que changer la nature des cris des représentants de la jeune génération.

Pour terminer ses visites, le Président de la République s'est rendu à la *Ruche*, filature qui occupe un grand nombre d'ouvriers, hommes et femmes, et compte près de trente-six mille broches.

Le directeur a remercié M. Félix Faure de l'honneur qu'il faisait à l'industrie rouennaise, en visitant un de ces établissements.

« Je suis heureux, a répliqué M. Félix Faure, que vous m'ayez donné l'occasion de voir vos travaux. Rien de plus heureux que l'accord entre le capital et le travail qui règne ici. Vous donnez un exemple qui sera suivi de plus en plus, je l'espère. »

L'usine visitée en détail, le Président de la République a procédé à la distribution de médailles à soixante vieux ouvriers et vieilles ouvrières, dont voici la liste :

M. Félix-Eugène Brunet ; Mme veuve Féret, née Ismérie-Delphine Delamare ; Mlle Émilie-Angélina Lecointre ; MM. Hippolyte-Henri Lemoine ; Hippolyte-Joseph Baron ; Pierre-Anatole Bulet ; Mme veuve Harang, Mlle Ernestine Roussel, employées dans la maison Rivière et Cie, à Rouen ; MMmes Devyes, Meneuse, employées à la manufacture Berger, à Rouen ; M. Nicolas Regert, employé chez MM. Fahr et Deglatigny, à Rouen ; MM. Baptiste-Pierre-Clodomir Lucas, Eugène Joseph Petit, employés chez M. de Glatigny et Larcher, à Rouen ; M. Amédée-Albert Féray, employé chez M. Malathiré, à Rouen ; Mlle Pauline-Stéphanie Drouard, employée chez M. Malétras, à Rouen ; M. Pierre-Jules Leclerc, employé chez MM. Cartier frères, marchands de fers, à Rouen ; M. Émile Lacroix, employé chez M. Tuvache, marchand de draperies, à Rouen ; M. Auguste-Victor Miscray, employé chez M. Windsor, constructeur, à Rouen ; M. Michel Alphonse Marquis, employé chez M. Lefebvre, entrepreneur, à Rouen ; M. Pierre Auger, employé chez MM. Jouas et fils, à Rouen ; M. Jean-Paul Hémet, employé chez MM. Bouleu et Bidault, banquiers, à Rouen ; Louis-Émile Séjournay, employé chez M. Fouguet, marchand de couleurs, à Rouen ; Mlle Alphonsine-Bérénice Lefort, employée chez Mme veuve Lefebvre-Séré, à Rouen.

Deux charmantes fillettes ont ensuite offert au Président de la République deux superbes bouquets au nom de leurs camarades d'atelier, et récité des petits compliments de circonstance.

« Dites bien à vos camarades, a dit M. Félix Faure, que le Gouvernement s'inquiète avant tout des intérêts de la démocratie, et la démocratie, mes enfants, c'est le peuple qui travaille. »

Il était près de huit heures, lorsque le Président de la République a regagné la Préfecture, au milieu des acclamations qui n'avaient cessé de retentir à ses oreilles depuis le matin. Ce dernier trajet a été un peu gâté par une petite pluie qui heureusement n'a pas duré.

Le dîner offert par M. Félix Faure aux ministres, aux sénateurs et députés, et aux principales autorités, comprenait soixante couverts environ.

M. Félix Faure avait : à sa droite, Mme Leygues, M. André Lebon, Mlle Lucie Faure, M. Ricard, Mgr Sourieu ; à sa gauche, Mme Dupuy-Dutemps, le général Giovanninelli, Mme Berge, M. Siegfried. Mme Félix Faure avait à sa droite : M. Leygues, Mme Hendlé, le préfet maritime de Cherbourg, Mlle Dupuy-Dutemps ; à sa gauche, M. Dupuy-Dutemps, Mme Tournier, M. Cordier.

Pendant que le Président et ses invités dînaient à la Préfecture, la municipalité rouennaise offrait un royal banquet aux représentants de la Presse, que cette fatigante journée avait mis en appétit. MM. Bourgeon, conseiller municipal, et Rollet, conseiller d'arrondissement, les deux aimables commissaires chargés de nos intérêts, et qui se sont si bien acquittés de leur mission, avaient voulu veiller eux-mêmes à ce que leurs hôtes fussent traités en amis, heureux de constater le touchant accueil fait par la ville de Rouen au chef de l'État.

Au dessert, M. Rollet a prononcé un petit speech fort applaudi ; il est vrai que l'aimable amphitrion a mis notre modestie à une rude épreuve !

Cette joyeuse réunion a dû prendre fin, le devoir professionnel nous appelant à l'Hôtel de Ville, où devait avoir lieu le bal offert par la ville de Rouen, en l'honneur du Président de la République.

A dix heures, M. Félix Faure arrivait à l'Hôtel de Ville, salué par la foule massée sur la place. Le cortège officiel, qui a eu beaucoup de mal à pénétrer au milieu de l'affluence considérable des invités, était ainsi formé :

Le Président de la République et Mme Laurent, que suivaient le général Tournier seul ; puis, venaient : le maire, M. Laurent, donnant le bras à Mme Félix Faure ; le Ministre de l'Intérieur et Mlle Lucie Faure, le Ministre des Travaux publics et Mme Berge, le Ministre du Commerce et Mme Hendlé ; M. Ruffault, premier adjoint, et Mme Leygues ; M. Milsan, deuxième adjoint, et Mme Dupuy-Dutemps ; M. Levilain, troisième adjoint, et Mlle Dupuy-Dutemps ; M. Ricard et Mme Ruffault ; le général Giovanninelli et Mme Tournier ; le Préfet et Mme Briois ; M. Le Gall et Mme Cartier ; M. Briois, quatrième adjoint ; M. Cartier, cinquième adjoint ; les commandants Bourgois, Moreau, de la Garenne, le capitaine de frégate Germinet.

Mme Félix Faure était en faille noire, recouverte de tulle avec corsage garni de perles clair de lune ; Mlle Lucie Faure, en satin bleu ciel ; Mme Berge, en rose.

Parvenu à grand'peine dans le salon qui lui était réservé, le Président de la République a reçu les hommages des autorités ; il était près d'onze heures lorsqu'il s'est enfin retiré pour prendre un repos bien gagné, pendant que l'Hôtel de Ville nous donnait l'impression d'une brillante prise d'assaut, les invités se pressant encore dans l'escalier, tandis qu'au premier étage la circulation était impossible.

Si la municipalité avait fait des merveilles pour ses illuminations, les particuliers, de leur côté, n'avaient pas voulu rester en arrière : peu de fenêtres, même dans les plus petites rues, étaient dépourvues de lampions ou de lanternes vénitiennes. Dans les principales voies, il était fort difficile de faire une trouée pour regagner son domicile, et Dieu sait pourtant si tous ceux qui étaient partis de Paris avec le Président avaient besoin de retrouver leur lit.

Quand nous nous sommes endormis, bercés par le brouhaha de la foule et les oreilles tintant encore du cri de : « Vive le Président ! » on dansait toujours à l'Hôtel de Ville.

III

DÉPART DE ROUEN. — BARENTIN. — PAVILLY. YVETOT. — BEUZEVILLE

Dès sept heures et demie du matin, M. Félix Faure quittait Rouen, le 17, après avoir chargé le maire de transmettre à tous ses administrés l'expression de sa reconnaissance.

— A l'année prochaine! a dit le Président en montant dans son wagon-salon.

Avant de partir, le Président de la République avait fait remettre 12,000 francs au Bureau de Bienfaisance, 400 francs pour les vieillards de l'hospice, et 200 francs pour la crèche Saint-Jean.

De Rouen à Bolbec, point terminus où M. Félix Faure devait abandonner le train, pour se diriger sur Montivilliers en voiture, quatre arrêts étaient inscrits au programme : *Barentin*, *Pavilly*, *Yvetot* et *Bréauté-Beuzeville*.

Le premier a eu lieu à huit heures.

Toute la population des environs de Barentin, ouvriers et paysans, était massée autour de la gare, sur les accotements de la route et sur le terre-plein ; la décoration, composée d'oriflammes et de feuillages, avait une saveur toute villageoise. Deux mâts assez élevés portaient une banderole en calicot blanc avec cette inscription : « *HONNEUR AU PRÉSIDENT FÉLIX FAURE !* »

En tête des pompiers, qui formaient la haie, deux sapeurs dans l'ancienne tenue du second Empire, bonnet à poil et grand tablier blanc, se tenaient figés en une immobilité qui eût fait honneur à nos gardes municipaux, campés dans le grand escalier de l'Élysée.

M. Leseigneur, maire de Barentin, a souhaité la bienvenue au Président :

« MONSIEUR LE PRÉSIDENT,

« Au nom de la ville de Barentin, nous avons l'honneur de vous souhaiter la bienvenue et de vous remercier de la faveur que vous nous accordez, en vous arrêtant quelques instants parmi nous.

« Veuillez croire que nous sommes heureux de pouvoir saluer personnellement le chef de l'État, et fiers que le Parlement ait fait choix d'un des représentants de notre département, pour l'élever à la présidence de la République. Notre population ouvrière, dont la fermeté républicaine ne s'est jamais démentie, partageant les sentiments de confiance qui nous animent, a salué avec enthousiasme votre élection comme l'avènement d'une ère de travail, de fraternité et de progrès.

« Elle est venue en grand nombre pour vous acclamer et se joindre à nous pour vous offrir les vœux les plus sincères, pour l'heureux accomplissement de votre septennat.

« Vive la République !

« Vive Félix Faure ! »

Le maire a ensuite présenté le Conseil municipal et les autorités, ainsi que la municipalité de Duclair, venue pour saluer le Président de la République à son passage.

M. Félix Faure a remis à M. Leseigneur la rosette d'officier de l'Instruction publique ; puis, passant devant les écoles communales, la musique de l'établissement Badin, les Sociétés de secours mutuels l'« Union » et la « Concorde », l'Orphéon, la Société de gymnastique « Le Progrès », les Compagnies de sapeurs-pompiers rangés sur le

terre-plein de la gare, il a remis des médailles du travail à de braves gens que M. Leseigneur lui a présentés en ces termes :

« Je suis heureux, Monsieur le Président, de vous présenter ces dignes et braves ouvriers, véritables champions de notre industrie, dont le pénible labeur est un puissant facteur de la richesse nationale. »

M. Camille-Élie Poirier, employé dans la maison Laurens, à Notre-Dame-de-Bondeville ; Mme Lange, née Perpétue Lançon, tisserande ; Mme Briselet, née Annonciade Marais ; Mlle Adèle d'Yvetot ; Mme Mainot, née Adelina Sovoyé ; Mme Levallois, née Marie Vigor ; Mme Dufour, née Delphine Deroute ; Mme Groussard, née Célina Baconet ; MM. Albert Roger, fileur ; Hippolyte Lanchon, teinturier ;

Denis-Édouard Tournache, caissier; Mme Bacouel, née Désirée Langlois, tisserande, de la maison Gaillard et Cie, à Barentin; MM. Adolphe Ambleton, mécanicien; Cyrille Leport, directeur; Achille Dujardin, fileur; Théodule-Frédéric Leclerc, fileur; Théophile-Ernest Leroy, ouvrier, de la maison Badin et fils, à Barentin; Mme Vigreux, née Élisa Coulert, dévideuse, de la maison Damilaville; Mme veuve Marais, née Julienne-Clotilde Avray, papetière, de la maison Brigalant; M. Sever Marais, rattacheur, de la maison Leseigneur.

Un garçonnet, Georges Goupil, puis une fillette, ont récité sans broncher des compliments de circonstance, en remettant au Président un bouquet.

— Quel âge as-tu ? a demandé M. Félix Faure à la petite fille, Valentine Lepelletier.

— Six ans.

— C'est très bien de savoir déjà réciter de si gentils compliments. Veux-tu me permettre de t'embrasser ?

Le train présidentiel s'est, enfin, remis en marche aux sons de la *Marseillaise* et aux acclamations de toute la population.

A Pavilly, cinq minutes après, deuxième arrêt. Même empressement et mêmes acclamations qu'à Barentin.

Le spectacle est, d'ailleurs, à peu près le même : pompiers, Sociétés de Gymnastique, enfants des écoles, etc.

Le maire a assuré le chef de l'État de ses sentiments dévoués.

« Monsieur le Président, a-t-il ajouté, nous verrons la République progresser sous votre haute direction. »

M. Félix Faure s'est entretenu pendant quelques instants avec les membres des Sociétés de Secours mutuels « la Fraternité » et « la Prévoyance », en complimentant deux d'entre eux qui sont titulaires de la médaille de travail.

Le Président est, enfin, remonté en wagon au milieu des cris : « Vive Félix Faure ! Vive le Président ! »

Pendant que le train s'éloignait, la fanfare jouait un pot-pourri, qui nous a reposé un peu de la *Marseillaise*.

A huit heures trente-cinq, nouvel arrêt : nous sommes à Yvetot. La riante petite ville avait fait grandement les choses : la gare transformée en véritable berceau de verdure ; des drapeaux à profusion ; une place gentiment ornée de mâts vénitiens, reliés par des guirlandes de feuillage, formaient un ensemble fort agréable à l'œil.

En descendant de wagon, M. Félix Faure a été reçu par un vieil ami, M. Lechevallier, député, maire d'Yvetot, qui lui a souhaité la bienvenue, en le remerciant d'avoir fait à la ville qu'il administre l'honneur de s'y arrêter quelques minutes. Le Président de la République a répondu qu'il était heureux de saisir cette occasion de témoigner l'excellent souvenir qu'il a conservé de la population yvetotaise.

M. Félix Faure s'est ensuite rendu sur la petite place où les réceptions devaient avoir lieu; sapeurs-pompiers et gendarmes formaient la haie.

Au moment où le cortège se met en marche, la Musique municipale attaque la *Marseillaise* entonnée par le Choral.

La foule, composée de cultivateurs et d'ouvriers, fait au Président un accueil des plus chaleureux. Les enfants des écoles reçoivent les dernières recommandations de leurs maîtres et maîtresses.

M. Félix Faure prend place sur l'élégante et printanière estrade qui a été préparée pour la cérémonie; les ministres, les députés et sénateurs du département se groupent autour de lui. M. Lechevallier prononce l'allocution suivante :

« Nous vous remercions, Monsieur le Président, de vouloir bien nous accorder quelques instants, et nous sommes heureux de vous présenter, au nom de notre population, nos respectueux hommages.

Avec toute la France, nous avons applaudi au vote de l'Assemblée nationale, vous conférant la magistrature suprême de la République. Notre satisfaction est d'autant plus vive que nous n'avons pas oublié les visites de l'aimable sous-secrétaire d'État aux colonies. Aussi, Monsieur le Président, constatons-nous avec joie le mouvement d'opinion qui s'est manifesté en faveur d'un des plus laborieux enfants de notre démocratie, et formons-nous des vœux pour que ces sentiments généreux, ces idées de justice, prennent une grande place dans l'élaboration de nos lois. »

M. de Montfort dit également quelques paroles de bienvenue; les voici :

« Monsieur le Président,

« Je tiens à m'associer aux paroles que vient de vous adresser mon honorable collègue de la première Circonscription d'Yvetot, M. Lechevallier.

« Et je suis sûr d'être l'interprète des vaillantes populations rurales de la deuxième Circonscription que j'ai le grand honneur de représenter, en vous apportant, en leur nom, à votre passage au chef-lieu de l'arrondissement, l'expression de leur respect pour la haute fonction dont vous êtes investi.

« Nous comptons, Monsieur le Président, avec une entière confiance, sur la loyauté de notre ancien collègue, et nous sommes certains que vous saurez remplir la haute mission qui vous est confiée pour le mieux des intérêts du pays et pour la grandeur de la Patrie. »

« Je vous remercie, mes chers amis, répond le Président, je vous remercie, mes collègues d'hier et mes amis de toujours, des paroles que vous voulez bien m'adresser. Je saurai saisir une occasion de venir à nouveau à Yvetot en ami et en concitoyen. »

M. Félix Faure a annoncé ensuite qu'il était heureux d'apporter les récompenses qu'il allait remettre aux titulaires :

MM. Bretteville, propriétaire-directeur du *Réveil d'Yvetot;* Trabuc, inspecteur primaire de la circonscription de Saint-Valery ; Dr Cocatrice, médecin à Doudeville, adjoint au maire d'Harcanville, reçoivent les palmes académiques.

La croix de chevalier du Mérite Agricole remise à MM. Neveu, maire de Saint-Nicolas-de-Bliquetuit ; Duparc, maire d'Ancretiéville-Saint-Victor ; Selle, maire de Grainville-la-Teinturière ; Bernage, maire de Gonzeville, M. le Président de la République distribue des médailles d'honneur à plusieurs vieux serviteurs :

MM. Cyriaque Demeule, depuis quarante ans chez Mme veuve Lemoine, cordière ; Théodore Vatinel, depuis trente ans chez Mme veuve Lemoine ; Émile Lenormand, depuis trente et un ans charpentier chez M. Duclos ; Aimable Chrétien, depuis quarante-deux ans chez M. Houlier, marchand de bois ; Adolphe His, depuis trente-six ans chez M. Séhet, chaisier ; Pierre Delamare, depuis trente-trois ans chez M. Cavelier, menuisier ; Hippolyte-Aimable Vautier, depuis trente ans chez M. Lefèvre, blanchisseur à Caudebec.

M. Lefrançois, président du Tribunal de Commerce d'Yvetot, promu chevalier de la Légion d'Honneur, avait reçu, la veille, à Rouen, des mains du Président de la République, la croix qui vient récompenser de longues années de dévouement aux affaires publiques.

Des diplômes d'honneur sont également conférés à MM. Charles Lucas, sergent de la compagnie des pompiers d'Yvetot ; Ambroise Mercier, caporal ; Alfred Cavelier, pompier.

M. Célestin Caltro, sapeur-pompier, reçoit une médaille d'argent de 2e classe.

Cette distribution terminée, le maire de Caudebec, M. Caumont, a demandé à M. Félix Faure de faire aux habitants de Caudebec l'honneur de les visiter, cet été ; le Président de la République a accepté cette invitation.

Descendant de l'estrade, M. Félix Faure a fait, aux acclamations de la foule, le tour de la place.

Un vieillard de l'Hospice a offert un bouquet au nom de ses camarades ; puis, trois mignonnes fillettes : Mlles Suzanne Mauchrétien, Gabrielle Guilloux et Marie-Louise Ouin, formant à elles trois nos couleurs nationales, ont offert un bouquet au nom de l'école communale de filles d'Yvetot. La petite Mauchrétien, toute rose d'émotion, a prononcé avec assurance le compliment suivant :

« MONSIEUR LE PRÉSIDENT,

« Votre passage dans cette ville apporte dans tous les cœurs une grande joie, à laquelle nous ne saurions, quoique jeunes encore, rester indifférentes. Choisie et désignée par mes compagnes, pour vous exprimer leurs sentiments et leurs vœux, je n'oserais pas élever la voix, si je ne trouvais une excuse dans mon inexpérience et un encouragement dans votre bienveillance, aujourd'hui proverbiale.

« On dit, Monsieur le Président, que l'on connaît toujours la vérité par les enfants, et, dût-on me traiter d'indiscrète, je vous la dirai tout entière. Si vous saviez, Monsieur le Président, comme on parle souvent de vous et toujours avec éloges ! Dans nos classes, on nous a raconté comment la France avait applaudi à votre élection à la présidence, acclamant en vous l'homme honnête, loyal et bon, digne entre tous d'occuper avec honneur le premier rang. »

Deux bons baisers présidentiels l'ont récompensée.

D'autres bouquets ont été présentés : au nom des écoles maternelles, par Mlle Germaine Gardet-Vachou et Germaine Lepesqueux ; au nom de l'école-pensionnat, par le jeune Piednœl :

Quant à la petite Valentine Lartridge, fille du rédacteur en chef du *Réveil d'Yvetot*, l'émotion lui a fait perdre la mémoire; mais la mignonne avait retenu le principal :

— Je vous aime bien !

— Et, moi aussi, je t'aime bien ! a répondu le Président en embrassant la fillette.

La municipalité d'Yvetot, sur les conseils de M. Lechevallier, avait eu l'heureuse idée de faire servir un lunch pour les personnes de la suite du Président, qui ont pu s'échapper pour manger à la hâte un sandwich et boire un verre de champagne.

Aussi, que d'estomacs reconnaissants! Partis de Rouen à sept heures et demie, nous n'avions encore eu rien à nous mettre sous la dent, et on ne devait déjeuner que vers deux heures, à Saint-Romain !

A neuf heures un quart, le Président de la République remontait en wagon, et le train présidentiel filait, pour s'arrêter, vingt minutes après, à Bréauté-Beuzeville ; là encore, on a fait l'impossible pour donner à la réception autant d'éclat que le permettaient les ressources de la localité.

M. Schutet, maire de Bréauté, a souhaité, en ces termes, la bienvenue au Président de la République :

« MONSIEUR LE PRÉSIDENT,

« Nous avons appris à Bréauté, avec une très vive satisfaction, que le train, qui vous conduit à Bolbec, ferait halte à notre gare.

« Nous saisissons avec empressement l'occasion qui nous est offerte, pour vous présenter nos hommages les plus respectueux.

« Nous saluons en vous, nous en sommes sûrs, l'homme impartial, le chef d'État soucieux des intérêts de tous les Français.

« Nous vous remercions, Monsieur le Président, d'avoir bien voulu vous arrêter quelques instants sur notre territoire pour y recevoir nos salutations.

« Si, en ce moment, vous étiez plus rapproché du village, vous entendriez les cloches de l'église annonçant votre arrivée, vous verriez les drapeaux arborés aux maisons.

« Ce soir, les illuminations de la Mairie marqueront de nouveau votre présence dans l'arrondissement. »

M. Bellet, maire de Goderville, a pris la parole à son tour :

« MONSIEUR LE PRÉSIDENT,

« Le Conseil municipal de Goderville aurait cru manquer à son devoir, s'il n'était venu vous apporter son salut respectueux, à votre passage sur le territoire de notre canton.

« Il est ainsi l'interprète d'une population, qui, attachée à la République, sera heureuse et fière à votre prochain voyage, de vous exprimer d'une façon plus directe et plus éclatante, sa profonde sympathie, et d'acclamer en vous son ancien représentant devenu le premier magistrat de la République. »

M. Félix Faure a remercié de leur accueil MM. Schutet et Bellet, et a remis au second les palmes académiques.

Le curé de Bréauté, M. l'abbé Delanay, a pris ensuite la parole :

« Monsieur le Président,

« Si vous n'appartenez pas à l'arrondissement du Havre par la naissance, vous lui appartenez grandement par le cœur : c'est au milieu de nous que vous avez passé la plus grande partie de votre vie, vous comptez ici de nombreux et vrais amis, je pourrais dire des frères, ce qui donne à votre visite un caractère tout familial. Les témoignages de sympathie que vous recevez sur vos pas, et auxquels nous nous associons de tout cœur, en sont un sûr garant.

« Permettez-moi, Monsieur le Président, de formuler ici un vœu : c'est que, avec l'aide de Dieu, sous votre protection toute paternelle, la France, notre chère Patrie, voie désormais s'écouler, pour ses chers enfants, des jours de paix et de prospérité. »

La petite fille du propriétaire du buffet, M. Isaac, a offert un bouquet au Président, et récité un petit compliment pour saluer en M. Félix Faure le bienfaiteur de sa famille.

— Je te connais bien, a répondu le Président : tu es née le 21 août 1881, le jour de ma première élection.

Les ouvrières des usines, rangées le long de la voie, et portant sur leur corsage des cocardes indiquant le nom de l'établissement où elles travaillent, ont chaudement acclamé le Président qui s'est entretenu avec plusieurs d'entre elles.

Enfin, M. Félix Faure a pu remonter dans son wagon, et le train a filé sur Bolbec, point de départ de la fameuse promenade en voiture.

IV

BOLBEC. — LILLEBONNE. — SAINT-ROMAIN MONTIVILLIERS

Pour bien marquer le véritable but de son voyage, M. Félix Faure avait eu l'heureuse idée de cette exquise promenade en voiture, qui lui a permis de visiter toute son ancienne circonscription, y compris ceux de ses électeurs qui ne jouissent pas encore des bienfaits de la voie ferrée.

Mais aussi quelle promenade! Quelles ovations!

L'enthousiasme de tous ces braves gens, heureux de voir dans leur ancien député, fiers d'acclamer en lui le chef de l'État, sera certainement pour M. Félix Faure le plus touchant souvenir de son triomphal voyage.

Il serait injuste de ne pas reconnaître que, de toutes les localités déjà visitées, la petite ville de Bolbec s'est fait remarquer par la décoration la plus originale.

Sur le quai de la gare, le Président de la République a été reçu par le maire, M. Passas. Les réceptions officielles devant avoir lieu à l'Hôtel de Ville, M. Félix Faure est, tout de suite, monté en landau. Le général Tournier, le maire de Bolbec et M. Delaunay, député de l'arrondissement, ont pris place dans la même voiture. Les ministres et les personnes de la suite du Président se sont groupés dans les autres landaus ; le cortège ainsi formé était escorté par un peloton du 12e Chasseurs.

Avant de pénétrer dans la ville, distante d'environ un kilomètre de la gare, M. Félix Faure a visité une usine construite à l'entrée même de Bolbec. Les ouvriers de l'établissement, groupés dans la cour, ont fait l'accueil le plus chaleureux au Président de la République qui a été reçu par M. Georges Lemaître, l'un des associés de

la maison. Quatre jeunes filles, tout de blanc habillées, Mlles Gueroult, Grisel-Vatinet, Bonnet et Heuzé, tenant des drapeaux français et russes, ont offert un superbe bouquet, au nom des ouvriers du Val-Ricard.

Ces drapeaux russes ne sont pas les premiers que nous ayons remarqués depuis notre départ de Paris ; partout, dans toutes les localités traversées, les couleurs russes étaient mariées aux couleurs françaises. Cette union n'est-elle pas la preuve éclatante que l'alliance franco-russe a reçu dans nos campagnes le même accueil que dans nos villes !

Sa visite achevée, le Président de la République est remonté dans son landau pour entrer enfin dans la ville.

Nous jouissons alors d'un spectacle charmant ; les oriflammes des mâts plantés dans les rues où passe le cortège claquent au vent ; toutes les fenêtres sont pavoisées ; les cloches sonnent à toute volée ; les musiques jouent la *Marseillaise*. Nous passons sous un

arc de triomphe, tendu avec les produits de l'industrie bolbécaise ; un peu plus loin, sous un portique composé d'agrès de gymnastique avec l'inscription : « *HONNEUR A FÉLIX FAURE !* »

Une jeune fille est campée au sommet, ayant à ses côtés deux gymnastes, le clairon aux lèvres ; tous les autres membres de la

Société sont suspendus en grappes sur toute la hauteur de l'original édifice.

Quand nous débouchons sur la place Dégénetais, un ravissant tableau s'offre à nous : tous les enfants, filles et garçons des écoles, laïques et congréganistes, au nombre d'au moins un millier, sont groupés sur les marches de l'église, munis de petits drapeaux français et russes qu'ils agitent en criant : « Vive Félix Faure ! »

Le Président descend de voiture, pour recevoir des bouquets qui lui sont offerts au nom de tout ce petit monde. Il va sans dire que les compliments d'usage accompagnent les fleurs; ils sont récités par une petite fille et un petit garçon, représentant chacun les écoles.

On arrive, enfin, à la mairie. M. Passas, maire de Bolbec, prononce l'allocution suivante :

« Monsieur le Président de la République,

« Dans une réunion tenue ici en décembre dernier, j'avais l'honneur et le plaisir de porter un toast à M. Félix Faure, alors député du Havre et ministre de la Marine.

« Je rappelais à mes concitoyens, qui, d'ailleurs, ne l'ont pas oublié, que c'était avec vous que nous avions fait nos premières armes, que c'était grâce à vous que nous avions remporté nos premières victoires républicaines.

« Notre ville est fière de ce souvenir qui la rattache à son ancien député, aujourd'hui Président de la République; aussi le Conseil municipal, interprète de la population tout entière, a-t-il tenu à ce qu'une délégation vous fût envoyée, pour renouveler les respectueuses félicitations qu'il vous adressait quelques heures après votre élection, et pour vous exprimer un souhait qu'il lui est bien doux de voir se réaliser.

« Bolbec est la première ville qui ait eu l'insigne honneur de vous avoir pour député ; grâce à votre bienveillance, elle est l'une des premières honorées de votre visite.

« Vous nous donnez ainsi une nouvelle preuve, qu'indépendamment des hautes qualités qui vous ont valu la première magistra-

ture de la République, vous possédez intact le culte du souvenir; nous en sommes fiers pour notre cité et nous vous en exprimons toute notre reconnaissance.

« Votre loyauté et votre nom, synonymes de travail, de concorde et d'union, ont groupé autour de votre gouvernement le concours de toutes les bonnes volontés.

« Ici, plus que partout ailleurs, cette union est complète, absolue; mes concitoyens vous connaissent et vous aiment, quelque situation qu'ils occupent, quelques opinions qu'ils professent; ils n'ont voulu se souvenir que d'une chose: c'est qu'ils sont tous les enfants de la France, leur Patrie bien-aimée, et que vous en êtes le digne et suprême représentant.

« Je suis heureux de pouvoir vous l'affirmer, Monsieur le Président, notre population démocratique et laborieuse, depuis le grand industriel jusqu'au plus modeste travailleur, est venue spontanément et avec enthousiasme, sans réticence, sans exception et tout entière, vous entourer, vous saluer, vous acclamer de ses respectueuses et sympathiques ovations.

« Nous avons confiance en vous, Monsieur le Président de la République, et nous espérons que, sous votre septennat, la France, heureuse et prospère, après avoir accueilli par un cri de joie et de triomphe les succès attendus de nos vaillants soldats engagés à Madagascar, poursuivra sa marche en avant vers la justice, le progrès et l'amélioration sociale des petits et des humbles, dont vous vous êtes constitué le haut et bienveillant défenseur. »

« Je suis plus heureux que je ne saurais le dire de me retrouver aujourd'hui, après quatorze ans de luttes, au milieu des hommes avec lesquels j'ai lutté, répond le Président. Je m'aperçois que ces hommes n'ont pas conservé un mauvais souvenir de nos luttes, car nous avons apporté les uns et les autres dans ces combats la plus grande courtoisie. L'union des cœurs est faite à Bolbec. Mon plus ardent désir est qu'elle se fasse dans le pays tout entier. »

Les réceptions ont continué dans l'ordre suivant: Président du Consistoire; Conseil municipal de Bolbec; Maires et Adjoints du canton; Chambre de Commerce; Justice de paix; Conseil des

Prud'hommes ; Commissaire de police ; Cultes catholique (Conseil de fabrique) et protestant (Consistoire et Conseil presbytéral); les Fonctionnaires et Officiers ministériels; les Officiers de sapeurs-pompiers ; le Bureau de bienfaisance ; l'Hôpital Fauquet ; le Syndicat de la Rivière ; le Bureau d'Assistance médicale ; la Délégation cantonale ; le Corps enseignant de la ville et du canton ; la Caisse d'épargne ; le Comité cantonal d'hygiène et de salubrité ; les Répartiteurs titulaires et suppléants ; la Caisse des écoles.

M. Georges Lemaître, président de la Chambre de Commerce, s'est exprimé dans les termes suivants :

« Je suis heureux, Monsieur le Président, de vous saluer au nom de la Chambre de Commerce de Bolbec, qui n'a pas oublié la part prépondérante que vous avez prise à sa création, et qui vous est très reconnaissante du service que vous avez ainsi rendu à notre ville.

« Nous inspirant de vos conseils et de vos sentiments, nous cherchons tous ici, commerçants et industriels, à améliorer le sort des ouvriers: c'est à ce titre que je me permets, Monsieur le Président, d'appeler l'attention de votre Gouvernement et la vôtre sur la loi du travail de onze heures, qu'un accord définitif des deux Chambres ne permet pas encore d'appliquer et qui pourtant rendrait de si grands services aux ouvriers.

« Je vous remercie, Monsieur le Président, de l'intérêt que vous avez bien voulu nous témoigner en vous arrêtant dans notre ville, et vous prie d'agréer l'expression de notre profond respect. »

M. Félix Faure a remis les palmes académiques au Dr Georges Auger, vice-président du Comité cantonal d'Hygiène et de Salubrité, médecin cantonal des épidémies et inspecteur médical des écoles.

L'ancien et malheureux concurrent de M. Félix Faure (aux élections de 1881), M. Levaillant du Douët, est venu présenter ses vœux au Président de la République, qui s'est ensuite rendu dans la cour où étaient rangées les délégations suivantes :

Anciens Combattants de 1870-71 ; le Comité républicain démocratique ; l'Émulation chrétienne ; les Employés de Bolbec ; l'Union des Fondeurs ; la Société de Secours mutuels des sapeurs-pompiers ;

les Prévoyants de l'Avenir; la Chambre syndicale des Ouvriers cotonniers; l'Union des Travailleurs; les Cités ouvrières; la Chambre syndicale des boulangers; la Chambre syndicale des bouchers; les Compagnies industrielles de sapeurs-pompiers; le Syndicat commercial et industriel; le Véloce-Club de Bolbec et Lillebonne; le Comité des fêtes; les Cercles et autres Sociétés de la ville; toutes les Sociétés du canton et de la région.

Le Président a remis des médailles à de vieux ouvriers:

Médaille d'or de 2e classe: M. Victor Deschamps, capitaine des sapeurs-pompiers de Bolbec; médailles d'argent de 2e classe: M. Émile Benet, sous-lieutenant des pompiers de Bolbec; M. Pierre Fleury, demeurant au Val-Ricard; M. Gustave Lemonnier, sous-lieutenant des sapeurs-pompiers de Lanquetot; mention honorable: M. Ernest Deschamps, sergent-fourrier des sapeurs-pompiers de Bolbec;

Médailles de travail accordées à des ouvriers des divers établissements industriels de Bolbec:

MM. Lucien Lemaître et Alphonse Lefée; Mme Lecoq; MM. Lecoq et Lecompte; Mlle Leblond; Mme veuve Ayet; M. Granfils; Mme veuve Castaigne; Mme veuve Steiner; M. Gustave Avenel; Mme Bézard; Mlle Bernard; MM. Fanisse et Pasquet; Mme Lemoine; M. Liébré;

MM. Mizey, Rudmare, Monnier, Marie, Sieurin, Hervieu, Brière, Gautier, Deshayes, Grénon, Gueroult, et Mme Durand.

Au général de brigade Blondel, qui lui a présenté une délégation des Anciens Combattants de 1871, M. Félix Faure a répondu :

« Je vous remercie, mon Général, de m'avoir présenté les Anciens Combattants de 1871. Rien ne pouvait m'être plus agréable que de revoir mes anciens amis de Bolbec, présentés par le général Blondel.

« Vous vous inspirerez, mes amis, des exemples que vous a donnés le général Blondel ; vous ne penserez qu'à la grandeur du pays et, si cela était nécessaire, à sa défense. »

Détail amusant : parmi les membres de la Société, M. Félix Faure a reconnu son ancien brosseur Liot, à qui il a serré les mains.

A onze heures moins un quart, le cortège se reformait pour entreprendre la belle promenade qui avait Montivilliers pour but. Un temps splendide en a favorisé le commencement. Pendant tout ce long trajet, nous n'avons à signaler que de touchantes manifestations. Après avoir été acclamé par la population ouvrière, M. Félix Faure a été l'objet des ovations de la population des campagnes.

Tous les villages gentiment décorés ; drapeaux émergeant d'une futaie, ou plantés au coin des haies ; pommiers pavoisés au milieu des champs ; paysans rangés au bord des routes saluant le Président à son passage ; les plus hardis criant : « Vive Félix Faure ! » tel est le spectacle qui nous a été offert de Bolbec à Montivilliers.

Devant certaines fermes, on a été jusqu'à tracer sur le sol, avec du sable ou des petits cailloux, le cri poussé par tous : « Vive Félix Faure ! »

En quittant Bolbec, le cortège a fait une première halte à Gruchet-le-Valasse.

Le baron Piérard, ancien député réactionnaire, de la circonscription, maire de Gruchet, a souhaité la bienvenue au Président de la République, en lui présentant les membres du Conseil municipal, le curé, les membres du Bureau de bienfaisance, le Conseil de fabrique, la Société de secours mutuels, les enfants des écoles et de l'asile.

« Toute la population de Gruchet, a dit, en terminant, le baron Piérard, a tenu à se joindre à moi pour apporter au chef de l'État ses sentiments respectueux, et lui offrir les vœux qu'elle forme pour sa personne et le bonheur de la France ! Permettez-moi, Monsieur le Président, de vous offrir ce bouquet en souvenir de votre passage parmi nous. »

En acceptant la superbe gerbe de roses et d'orchidées que lui présentait le maire, M. Félix Faure, touché de cet accueil, a remercié le baron Piérard et ses administrés.

Le cortège s'est ensuite remis en marche pour s'arrêter à Lillebonne.

Décorations des plus pittoresques ; sur un arc de triomphe nous lisons : « *A FÉLIX FAURE!* » sur un autre : « *AU BERCEAU POLITIQUE DE FÉLIX FAURE!* » sur un autre, enfin : « *A NOTRE CHER ANCIEN DÉPUTÉ!* »

Les ruines des anciennes arènes romaines offrent un tableau digne du pinceau d'un maître ; le lierre et la mousse couvrent les gradins où se sont jadis assis les spectateurs de luttes sanglantes, et qui sont aujourd'hui envahis par une population endimanchée.

Devant la façade de la mairie, sur laquelle nous lisons cette inscription : « *A M. FÉLIX FAURE, LA VILLE DE LILLEBONNE RECONNAISSANTE !* » une estrade a été élevée ; la foule, massée sur les arènes, va pouvoir ainsi assister à la cérémonie officielle.

Gendarmes et pompiers forment la garde d'honneur ; les enfants des écoles qui, par une touchante attention, ont été, comme on a pu le voir, de toutes les réceptions, sont rangés devant l'estrade sur laquelle M. Félix Faure et sa suite prennent place.

Le maire, M. Pigoreau, qui présente le Conseil municipal et les autorités, prononce l'allocution suivante :

« Monsieur le Président de la République,

« En venant nous voir à Lillebonne, vous manifestez une fois de plus l'intérêt sans borne que vous n'avez cessé de témoigner à la démocratie laborieuse, dès le jour où les populations industrielles et rurales de nos cantons ont fait de vous un homme public en vous choisissant pour leur député.

« A Lillebonne, comme à Bolbec, d'où vous arrivez, ce sont de modestes travailleurs qui fêtent le Gouvernement de la République en votre personne, si profondément aimée et respectée. Du reste, les hommages sympathiques que vous recevez des ouvriers du canton de Lillebonne ne sont pas faits pour vous déplaire, puisque nous savons tous quel travailleur infatigable vous êtes, et avec quelle ardeur féconde vous vous êtes toujours consacré aux affaires publiques, avant comme depuis votre élection au poste éminent que vous occupez.

« C'est avec la plus vive joie, Monsieur le Président, qu'au nom de vos premiers amis de Lillebonne j'ai l'honneur de vous souhaiter la bienvenue parmi nous.

« Votre magistrature suprême a déjà procuré de grands bienfaits à notre pays, qui n'a jamais été plus uni ; nous attendons avec confiance la continuation de ces bienfaits. Vous êtes considéré, par tout le pays, comme un Président justement populaire, qui sentez battre le cœur de la France pour toutes les nobles causes et qui ne pouvez que la guider heureusement dans ses destinées toujours glorieuses.

« Nos acclamations unanimes vous disent comment nous vous

aimons. Aussi je répète chaleureusement, avec mes concitoyens : « Vive M. Félix Faure ! Vive la République ! »

« Je vous remercie, ainsi que tous vos administrés, répond le Président. Le premier déplacement que j'ai voulu faire a été pour la Normandie, et vous pensez bien que le parcours que je viens de faire m'a tout particulièrement ému. Je suis heureux de retrouver de vieux compagnons de lutte, toujours aussi chauds pour la République. »

M. Félix Faure, avant de prendre part au lunch qui a été préparé par la municipalité, remet les palmes académiques à M. Campion, conseiller municipal, et le Mérite Agricole à M. Andrieux, agriculteur.

Pendant le lunch, le Président qui pense à tous fait distribuer des sandwichs et du vin aux Chasseurs de l'escorte.

Le signal du départ est donné : le cortège se reforme ; le soleil, qui n'a cessé de darder ses rayons sur nous, daigne nous faire grâce un instant. Nous continuons à rencontrer des paysans qui ont quitté leur travail pour venir saluer le Président.

Le cortège grimpe à travers les futaies jusqu'à Tancarville, l'un des coins les plus merveilleux de toute la Normandie. Au milieu de la vallée, la nappe argentée de la Seine tranche sur le vert des pâturages, où pointent, de place en place, les tons roux des bestiaux. Les tours à demi détruites du vieux château dominent ce magnifique paysage ; un drapeau flotte sur la terrasse.

Le cortège s'arrête devant la mairie de Tancarville, où des douaniers font la haie. En présentant le Conseil municipal, le maire lit au Président l'adresse suivante :

« Monsieur le Président,

« Sur toutes les parties du territoire que vous traversez, les populations acclament avec enthousiasme le premier magistrat de la République, et, depuis que vous foulez le sol de cette Normandie, qui fut votre berceau politique, votre voyage est une ovation continue, une véritable marche triomphale.

« C'est que vous êtes le premier des Présidents de la République française que la démocratie puisse véritablement revendiquer comme sien. C'est que le peuple, sage et laborieux, voit en vous la personnification des vertus civiques qu'il demande à ses élus. C'est que votre avènement à la première dignité de l'État n'a été que la récompense méritée d'une vie d'intégrité absolue, de labeur incessant, de patriotisme élevé, d'honneur incontestable.

« C'est, enfin, que les premiers actes du Président répondent aussi bien au passé de l'homme public qu'à celui de l'homme privé.

« Conseillers de l'une des plus humbles communes de votre ancien collège électoral, nous nous associons pleinement à tous les vœux formés pour votre bonheur, et nous laissons à des voix plus autorisées le soin de vous louer comme vous le méritez. Mais nous tenons à vous faire savoir, Monsieur le Président, qu'aux sentiments spontanés d'enthousiasme qui auront accueilli partout le Président de la République française la population de Tancarville joint ceux d'une affection respectueusement dévouée, profonde, inaltérable pour la personne de M. Félix Faure.

« Aussi, est-ce du plus profond de nos cœurs que nous crions : « Vive le Président Félix Faure ! Vive la République ! »

Le cortège gagne ensuite la Cerdagne. Malheureusement, la pluie commence à tomber, pour ne plus nous abandonner jusqu'à Saint-Romain, où nous arrivons ruisselants d'eau.

Ce déluge ne refroidit en aucune façon l'enthousiasme des habitants, accourus de tous les points du canton, et c'est au milieu des acclamations que M. Félix Faure, qui a fait découvrir son landau, descend devant l'Hôtel de Ville.

Le maire, M. Fidel, souhaite en ces termes la bienvenue au Président :

MONSIEUR LE PRÉSIDENT DE LA RÉPUBLIQUE,

« En vous souhaitant la bienvenue dans notre cité, j'ai l'honneur de vous présenter mes collègues du Conseil municipal, qui viennent, avec moi, déposer à vos pieds l'hommage de l'affection et du profond respect de la population tout entière.

« Nous vous sommes reconnaissants d'avoir bien voulu nous donner la préférence, pour un séjour plus prolongé au milieu de nous.

« Vous avez ainsi, avec le caractère noble et dévoué qui vous est propre, témoigné à Saint-Romain votre bienveillant souvenir.

« C'est, en effet, Saint-Romain, qui a été le berceau de votre carrière politique, pour laquelle nous vous avons toujours prêté un concours actif et dévoué, dû à la sympathie qu'avaient su nous inspirer votre personne et votre manière d'agir à notre égard.

« Vous avez toujours été l'homme loyal et dévoué au pays.

« Votre honnêteté et vos grandes qualités ont été reconnues par l'Assemblée Nationale, qui vous a confié les destinées de la France, reconnaissant par là la sécurité qu'elle pouvait avoir en vous, et sachant qu'elle ne pouvait remettre en mains plus sûres la direction des affaires politiques de notre belle Patrie.

« Aussi, Monsieur le Président de la République, Saint-Romain est fier d'applaudir aujourd'hui l'homme dont le nom est sans tache, le travailleur infatigable qui a su mériter par sa valeur personnelle l'honneur d'être appelé à la première magistrature de la République.

« En vous exprimant tous les sentiments de reconnaissance de la population de Saint-Romain et du pays tout entier, je tiens ici la place d'un homme dont vous avez, j'en suis sûr, gardé le souvenir, et dont vous étiez l'ami.

« Comme il eût été heureux de vous féliciter et de vous témoigner, en termes plus éloquents et mieux suivis, son affection profonde et sa reconnaissance pour les services que vous lui avez rendus, en l'aidant de tous vos efforts dans la transformation de notre beau pays de Saint-Romain, auquel il était si attaché !

« Ce dévouement persistant et tenace lui a valu, à votre instigation, la satisfaction, partagée par nous tous, de voir briller sur sa poitrine la croix de l'honneur, récompense d'une carrière si bien remplie.

« Le souvenir de cet homme de bien restera longtemps gravé dans le cœur de notre population, et nous avons cru bien faire de décorer notre salle du Conseil du portrait de notre ancien maire et ami, M. Théodule Benoist.

« Monsieur le Président, en vertu de ce souvenir et des bienfaits que vous avez toujours obtenus pour notre ville, nous sollicitons votre haute protection pour continuer et conduire à bien les projets tracés par mon prédécesseur.

« Nous espérons que vous voudrez bien vous souvenir toujours de Saint-Romain qui vous a acclamé dans toutes les étapes de votre carrière, et qui sera toujours heureux d'avoir eu pour député Monsieur Félix Faure, Président de la République Française. »

« Je vous remercie des souvenirs que vous avez évoqués et dont j'ai moi-même au fond du cœur toute la mémoire, répond le Président. Le canton de Saint-Romain peut compter sur toute mon affection. »

Dans la série des réceptions officielles qui ont suivi, notons l'allocution du curé-doyen, M. Palfray, de Saint-Romain, auquel ses sentiments démocratiques et une éclatante profession de foi républicaine ont fait une réputation qui s'est étendue bien au-delà de la localité.

« Monsieur le Président de la République, a dit le vénérable doyen, vous connaissez nos sentiments ; nous n'en sommes que plus à l'aise pour exprimer hautement la joie que nous éprouvons de reconnaître et d'acclamer, dans l'ancien député de Saint-Romain, le premier magistrat de la République Française.

« Les commencements de votre présidence sont de bon augure. Déjà vous avez conquis la meilleure et la plus pure des popularités, celle de l'estime et de la sympathie.

« *Arbitre des partis*, c'est vous-même, Monsieur le Président, qui avez dit le mot et voulu la chose, puissiez-vous, Dieu aidant, remplir, sans obstacle, ce beau rôle de pacificateur ! Les cœurs sont mieux préparés que jamais par la bonne grâce de votre personne, les délicates inspirations de votre générosité et l'à-propos de vos paroles et de vos démarches.

« Ce sera pour nous, Monsieur le Président, un grand honneur d'apporter notre part de concours, si minime qu'elle soit, à cette œuvre d'apaisement et d'union qui est tout votre programme.

« Afin de marcher plus sûrement vers ce but, le plus cher à notre patriotisme, nous voulons suivre, avec notre pieux archevêque, la direction de l'illustre Pontife Léon XIII, dont le cœur est rempli d'une si grande affection pour la France. Nous veillerons aussi avec un soin particulier, à faire observer dans toute son étendue ce précepte du divin Maître, qui résume tout l'Évangile : *Aimez-vous les uns les autres.*

« Daignez agréer, Monsieur le Président, avec nos plus respectueux hommages et nos vœux les plus sincères, l'expression de notre plus profond dévouement. »

« Merci, Monsieur le curé-doyen, de votre démarche, répond le Président. Il y a longtemps, je le sais, que celui qui est à la tête des paroisses de ce canton a prêché et indiqué l'attitude que doit tenir le clergé. Il s'est toujours inspiré des indications données par le Souverain Pontife, et il s'est toujours efforcé de faire prévaloir cette idée que je lui ai maintes fois entendu développer : « Tout le monde peut vivre sous la République, la République est bonne pour tous les Français. » Vous avez aussi, Monsieur le curé-doyen, contribué à établir la concorde qui règne dans le canton. »

Le Mérite Agricole est ensuite remis à M. Henri Cressau, secrétaire de la Société agricole de Saint-Romain ; puis, M. Félix Faure se rend dans la salle des fêtes où a lieu le banquet qu'il offre aux autorités.

Pendant ce temps, les membres de la Presse festoyent gaiement, grâce aux bons soins de la municipalité qui a fait préparer un déjeuner à l'Hôtel de Ville.

Au moment où nous nous retirons pour regagner l'Hôtel de Ville, nous croisons M. Le Gall, l'aimable directeur du cabinet civil du Président de la République, en conversation avec un brave homme, en train de mettre les bouchées doubles en compagnie des cochers du cortège.

— Il faut être prêt dans un quart d'heure.

— Mais nous n'avons pas déjeuné.

— Le Président désire partir dans un quart d'heure ; nous sommes déjà en retard !

— Pour la France je suis prêt à tout faire ! répond dramatiquement le brave homme, tout en s'essuyant les lèvres.

— Alors, ayez cette obligeance pour le Président ! réplique en souriant M. Le Gall.

Le cortège se remet en route, pour s'arrêter quelques instants après à Gainneville, où le maire, M. Duménil, salue le Président en ces termes :

« Monsieur le Président de la République,

« Au nom de la commune de Gainneville, je suis très heureux et très fier de saluer en vous le chef de l'État, et de vous exprimer toute notre gratitude et tous nos remerciements, pour les quelques instants que vous voulez bien nous consacrer.

« Nos ressources ne nous permettent pas de vous recevoir avec la pompe et l'éclat que comportent les hautes fonctions dont vous êtes investi.

« Mais, nous vous en donnons la ferme assurance, les démonstrations les plus chaleureuses, le plus bel apparat, ne traduiraient que bien faiblement les sentiments de sympathie, d'estime et de dévouement dont nous sommes animés envers vous.

« Soyez donc, Monsieur le Président de la République, le bienvenu parmi nous, et veuillez croire que la population gainnevillaise, reconnaissante de l'insigne honneur que vous lui faites, est en même temps enthousiasmée de pouvoir répéter avec moi :

« Vive Félix Faure !

« Vive le Président de la République Française !

Une gracieuse fillette, Mlle Alice de Laquerrière, nièce de l'artiste de l'Opéra-Comique, offre au Président un bouquet de fleurs.

Avant d'arriver à Montivilliers, nous lisons sur les murs des affiches qui ont résisté aux intempéries :

FÉLIX FAURE

Candidat aux Élections de 1893

Quelques-unes sont intactes et portent encore le programme du futur Président de la République

La réception à Montivilliers a été certainement une des plus chaudes qui ait été faites au Président ; là encore, la population ouvrière a fait des prodiges pour décorer les plus petites rues ; des guirlandes de feuillages alternent avec de grandes bandes de calicot blanc où nous lisons : « *VIVE FÉLIX FAURE ! VIVE L'ARMÉE ! VIVE LA MARINE ! A FÉLIX FAURE, LA JEUNESSE DES ÉCOLES !* »

Le landau présidentiel s'arrête devant la Halle où vont avoir lieu les réceptions. La décoration est très belle ; les murs disparaissent sous les drapeaux et les tentures. Une vaste estrade entourée de verdure a été élevée au fond de la construction. M. Félix Faure y prend place, entouré des ministres et des autorités.

Les nombreux invités, qui ont pu pénétrer, poussent un immense cri de : « Vive Félix Faure ! » La musique joue la *Marseillaise*.

Les réceptions officielles commencent aussitôt. Le maire de Montivilliers, M. Médéric Deschamps, conseiller général, prononce le discours suivant :

« MONSIEUR LE PRÉSIDENT DE LA RÉPUBLIQUE,

« Au nom des habitants de la ville de Montivilliers et de ceux de son canton, j'ai l'honneur de vous souhaiter la bienvenue parmi nous. En même temps, je vous prie, Monsieur le Président, de vouloir bien agréer l'hommage de notre profonde reconnaissance pour le bon souvenir que vous nous témoignez, en faisant un assez long détour pour vous arrêter quelques instants à Montivilliers à l'occasion de votre voyage au Havre.

« Vous saviez bien, Monsieur le Président, qu'en venant au milieu de nous vous y trouveriez l'accueil le plus chaleureux et le plus sympathique. C'est qu'en effet nos populations ne peuvent pas oublier et n'oublieront jamais l'empressement qu'en toutes circonstances vous avez mis, Monsieur le Président, à nous être utile ou agréable, pendant le temps que nous avons eu l'honneur de vous avoir comme député.

« Je ne ferai pas ici l'énumération des innombrables services que vous nous avez rendus ; je tiens cependant à rappeler que c'est par votre haute et légitime influence que nous avons obtenu du Ministre des Beaux-Arts, de celui des Cultes et du Conseil général, des subventions relativement importantes, puisqu'elles se sont élevées au chiffre de 36,000 francs. C'est grâce à ces subventions et à l'indemnité touchée des assurances que, après l'incendie de novembre 1888, nous avons pu reconstruire et même embellir notre vieille église, monument remarquable du XIe siècle, et dont tous les habitants sont fiers à juste titre.

« Aussi, Monsieur le Président, votre élévation à la première magistrature du pays a été pour nous une grande joie et nous a causé à nous, vos anciens électeurs, une légitime fierté ! Nous y avons vu la juste récompense due à votre patriotisme ardent, ainsi qu'à votre carrière toute de droiture et d'honneur.

« Cette satisfaction, Monsieur le Président, a été complète le jour où nous avons vu que, pour vous remplacer comme député, les électeurs avaient nommé un de vos amis dévoués, M. Louis Brindeau, maire du Havre. Nous sommes convaincus que M. Brindeau, notre nouveau député, s'attachera, Monsieur le Président, à continuer vos excellentes traditions et s'inspirera de tous les actes de votre vie politique si bien remplie. En résumé, nous sommes assurés d'avoir, cette fois encore, un excellent député.

« Nous sommes persuadés, Monsieur le Président, que les vives et sincères sympathies qu'on vous manifeste de tous côtés vous faciliteront l'accomplissement des hautes fonctions que vous remplissez avec autant de tact que de dignité ; grâce à vos éminentes qualités, vous saurez, nous n'en doutons pas, réaliser l'union si désirable de tous les Français.

« Vive M. Félix Faure !

« Vive le Président de la République ! »

M. Félix Faure répond qu'il n'a jamais oublié la brave population de Montivilliers et qu'il est heureux de venir la visiter : « Montivilliers peut compter que la sollicitude du Gouvernement ne fera jamais défaut à ses intérêts. »

Les bravos éclatent de tous côtés, mêlés aux cris de : « Vive Félix Faure ! »

Des bouquets sont offerts au Président par trois fillettes, Mlles Loisel, Limard et Fidelin ; un petit garçon, le jeune Dumort, remet un petit drapeau de soie avec dédicace à M. Félix Faure. Mme Médéric Deschamps et, après elle, les ouvriers de l'usine Félix Hubin apportent également de magnifiques corbeilles de fleurs.

Le Président, très touché de ce cordial accueil, remet, enfin, les décorations suivantes :

A M. Fosse, maire d'Harfleur, les palmes académiques ; à M. Loisel, conseiller municipal, le Mérite Agricole ; au capitaine des pompiers, Dumont, une médaille d'honneur ; à la Sœur Saint-Flavien, supérieure de l'Hospice, et à Mme Maurice, directrice de l'asile des vieillards, des médailles de vermeil.

La cérémonie terminée, M. Félix Faure, en landau, regagne la gare, en faisant faire un détour au cortège, afin de passer par les rues du quartier ouvrier. Il remonte, enfin, dans le train présidentiel qui, en quelques minutes, doit nous mener au Havre. La population de Montivilliers, massée autour de la gare, fait une dernière ovation à son ancien député ; la locomotive lance son coup de sifflet, et nous nous éloignons aux sons de la *Marseillaise*. A six heures nous serons au Havre.

V

LE HAVRE. — L'ARRIVÉE. — LES RÉCEPTIONS OFFICIELLES LA BOURSE. — LES CHANTIERS NORMAND LES FORGES ET CHANTIERS DE LA MÉDITERRANÉE

Je ne crois pas qu'il puisse être donné à un homme politique une plus grande satisfaction que celle éprouvée par M. Félix Faure en rentrant, comme chef d'État, dans une ville qu'il avait représentée pendant quatorze ans, sans que les luttes politiques aient pu lui créer d'ennemis.

Je sais bien qu'on a prétendu qu'il fallait chercher le principal mobile de l'enthousiasme des Havrais dans leur amour-propre. La population havraise avait, certes, lieu d'être fière de voir en son ancien élu le Président de la République ; ce sentiment est trop humain pour être contesté, mais c'est à un sentiment plus doux qu'il faut attribuer l'incomparable réception qui a été faite à M. Félix Faure.

Ce que les Havrais ont fêté en lui, c'est l'homme qu'ils ont appris à estimer et à aimer, c'est le travailleur sorti du peuple, c'est le député qui, connaissant leurs besoins, les a représentés, dans les assemblées, avec une sollicitude infatigable. En un mot, c'est autant à l'homme privé qu'à l'homme politique que s'adressaient les acclamations qui n'ont cessé de retentir aux oreilles de M. Félix Faure, pendant tout son séjour au Havre. Voilà la vérité !

En quittant Rouen, le Président de la République, faisant allusion à l'ancienne rivalité de Rouen et du Havre, disait : « Que vont dire mes braves Havrais ! » La réponse des braves Havrais ne s'est pas fait attendre ; elle pourrait se résumer en un seul cri de : « Vive Félix Faure ! » qui aurait duré du jour de l'arrivée à l'heure du départ.

Un journal du Havre déclarait, du reste, que la visite faite par M. Félix Faure au chef-lieu du département avait été « une nécessité géographique ». Le mot est joli et mérite d'être répété.

Le train présidentiel est entré en gare du Havre à six heures précises, le mercredi 17 avril. Sur un signal donné du faîte de la gare, le premier des cent un coups de canon de la salve réglementaire a été tiré, pendant que toutes les cloches de la ville se mettaient en branle pour égrener dans l'air leurs gais carillons.

Sur le quai d'arrivée, le Président de la République a été reçu par le général Giovanninelli, commandant le IIIe Corps, le préfet maritime de Cherbourg et les membres du Conseil municipal havrais ; il s'est aussitôt dirigé vers le groupe des ouvriers rangés sur le quai de débarquement, et a remis des médailles d'honneur à MM. Houel, chef de gare adjoint ; Dumont et Benard, employés principaux ; Milliard, employé enregistrant ; Lecoq, visiteur ; Delain, mécanicien ; Fabulet, mécanicien, conducteur du train présidentiel ; Guifent, mécanicien ; Leblond et Bouteiller, poseurs de la voie.

Quelques mots d'une franche cordialité ont doublé pour tous ces braves gens le plaisir de recevoir la récompense de leurs services.

M. Félix Faure s'est ensuite rendu dans le salon de réception, où sont venus le rejoindre tous ceux qui avaient pris place dans le train présidentiel. M. Brindeau, maire du Havre, a souhaité en ces termes la bienvenue au chef de l'État :

MONSIEUR LE PRÉSIDENT DE LA RÉPUBLIQUE,

« Je vous exprimerai tout à l'heure, à l'Hôtel de Ville, où vous avez bien voulu accepter de vous arrêter un instant, les sentiments du Conseil municipal et de notre population. Mais je tiens, au moment où vous posez le pied sur notre sol, à vous présenter nos hommages, sans vouloir cependant prolonger l'impatience émue de tous vos concitoyens, qui vous attendent pour vous acclamer. »

Trois petits garçons, fils d'agents de la Compagnie de l'Ouest, se sont alors avancés pour offrir au Président une magnifique corbeille de fleurs ; l'aîné a récité un petit compliment fort bien tourné :

« On nous a permis de venir vous offrir ce modeste bouquet, témoignage de notre respect et de notre amour. Vous, si bon et si généreux envers les humbles et les petits, vous nous pardonnerez, Monsieur le Président, d'avoir voulu associer nos faibles voix à celles de nos pères et de nos frères aînés, pour fêter votre bienvenue dans ce jour mémorable, où notre ville est heureuse de saluer en vous son représentant et celui de la France entière. »

Mais le temps presse ; les bambins embrassés, M. Félix Faure monte en landau pour se rendre directement à l'Hôtel de Ville où doit avoir lieu la véritable réception. Le général Tournier, secrétaire général de la présidence, MM. Siegfried et Brindeau prennent place dans la voiture présidentielle.

Le cortège se forme dans l'ordre suivant :

Deuxième voiture : M. le Ministre de l'Intérieur ; M. le général Giovanninelli, commandant en chef le IIIe Corps d'armée : M. l'amiral de Cuverville, préfet maritime ; M. le Premier Président ;

Troisième voiture : M. le Ministre des Travaux publics ; M. le général de division ; M. le préfet de la Seine-Inférieure ; M. Le Gall ;

Quatrième voiture : M. le Ministre du Commerce ; M. le général de brigade ; M. Lesouëf, sénateur ; M. Guerrand, vice-président du Conseil général ;

Cinquième voiture : M. Guillain, directeur de la navigation ; M. le Procureur général ; M. Waddington, sénateur ; M. Delaunay, député ;

Sixième voiture : M. Zevort, recteur de l'Académie de Caen ; M. Colson, directeur des chemins de fer ; M. Ricard, député ; M. Lechevallier, député ;

Septième voiture : M. Maurice Lebon, député ; le Sous-Préfet du Havre ; le vicomte de Montfort, député ; M. Gervais, député ;

Huitième voiture : M. Latham, président de la Chambre de Commerce ; M. Rident, premier adjoint ; M. Goujon, député ; M. Leteurtre, député ;

Neuvième voiture : M. Heu, deuxième adjoint ; M. Breton, député ; M. Joannès Couvert, vice-président de la Chambre de Commerce ; M. René Berge, conseiller général ;

Dixième voiture : Deux adjoints ; M. l'Inspecteur d'Académie ; un officier de la maison du Président de la République ;

Onzième voiture : Un adjoint, trois officiers de la maison de M. le Président de la République ;

Douzième voiture : Un adjoint, M. le secrétaire du Ministre de l'Intérieur ; MM. les secrétaires des Ministres des Travaux publics et du Commerce ;

Treizième voiture : MM. les aides de camp des généraux et de l'amiral préfet maritime.

Les membres de la Presse et les autres personnes de la suite du Président prennent place dans les autres voitures. L'escorte est formé par le 12e Chasseurs à cheval et par les gendarmes ; deux chefs d'escadrons se tiennent aux portières du landau présidentiel.

Au moment où M. Félix Faure apparaît à la grille de la gare, une immense acclamation part de l'invraisemblable foule, mer humaine, qui couvre la place du débarcadère et le boulevard de Strasbourg. Aussi loin que la vue peut s'étendre, on n'aperçoit que bras agitant des chapeaux ou des mouchoirs. Les cris de : « Vive Félix Faure ! Vive le Président ! Vive Félix ! » se croisent sans interruption, mêlés au bruit du canon qui continue à tonner et au son des cloches ; l'effet est grandiose !

Tête nue, le Président ne parvient pas à dissimuler l'émotion qui l'étreint ; tous ces vivats lui vont droit au cœur ; les larmes dans les yeux, il sourit, saluant de la main à droite et à gauche.

Le cortège prend le boulevard de Strasbourg très brillamment décoré. Dès l'entrée, une banderole verte a été tendue au travers de la voie, on y lit, en lettres brodées d'or, cette inscription : « *A FÉLIX FAURE, LA VILLE DU HAVRE !* »

Fenêtres et balcons regorgent de monde ; partout on a fait des merveilles de décoration. A signaler au passage : les casernes Kléber et Éblé.

Mme Félix Faure, Mlle Lucie Faure, MM^mes^ Berge, Leygues et Dupuy-Dutemps, arrivées le matin par l'express, assistent au défilé, placées sur le balcon du pavillon des officiers de la caserne Éblé.

Toutes les maisons, tous les édifices sont pavoisés ; pas une fenêtre dépourvue de nos couleurs nationales.

Nous renonçons à donner la nomenclature des arcs de triomphe.

Une originale décoration occupe le centre de la place Sadi-Carnot qui s'étend devant la Bourse ; deux énormes pylônes ont été construits avec des échantillons de tous les produits du commerce havrais : balles de coton, sacs de café, barils de pétrole, gerbes de blés, bois de teinture, etc. etc. Ce n'est pas très élégant ; mais, comme on peut s'en rendre compte, cela ne manque pas de couleur locale.

Le cortège arrive, enfin, à l'Hôtel de Ville où les marins du *Jean-Bart* forment la garde d'honneur. Conduit par M. Brindeau, M. Félix Faure se dirige vers la salle des Fêtes où tous les membres du Conseil municipal sont réunis. Il y est bientôt rejoint par les ministres, les sénateurs et les députés du département, ainsi que par toutes les personnes de sa suite. Le maire du Havre prend alors la parole en ces termes :

« MONSIEUR LE PRÉSIDENT DE LA RÉPUBLIQUE,

« J'ai l'honneur de vous présenter les membres du Conseil municipal : ils viennent vous apporter l'expression des sentiments émus de la population tout entière.

« Votre visite à la mairie, dès votre arrivée dans cette ville, est un grand honneur pour la ville du Havre : elle nous touche profondément ; elle fait revivre en même temps des souvenirs qui nous sont chers, qui vous sont chers aussi, j'en suis sûr, Monsieur le Président !

« C'est ici que vous avez fait, le 6 août 1870, dans les fonctions de conseiller municipal, votre entrée dans la vie publique ; c'est à cette fenêtre que, le 4 septembre 1870, le jour même où vous veniez d'être appelé aux fonctions d'adjoint, vous présentiez aux acclamations de la foule le drapeau national, pendant que le maire du Havre, le vieux patriote Guillemard, lui annonçait la proclamation de la République ; c'est ici encore que, dans les semaines qui ont suivi, vous avez, avant de vous rendre vous-même aux avant-postes, organisé avec une ardeur infatigable l'armement des corps francs et de la garde nationale.

« Vous êtes ici au cœur de la ville. Vous pouvez le sentir battre pour vous, Monsieur le Président. Les manifestations toutes spontanées que tant d'amis, connus ou ignorés de vous, mais dont les plus modestes ne sont pas les moins sincères, vous réservent dans les quartiers de la ville, vous donneront un témoignage encore plus sensible de la profonde reconnaissance de la population du Havre.

« Lorsque le Parlement vous a élevé à la première magistrature de l'État, une inquiétude a troublé notre joie. Nous avons pu penser un instant que vous alliez moins nous appartenir. Mais la preuve d'attachement que vous donnez à la ville du Havre, en venant y séjourner pendant près d'une semaine, l'intention que vous avez manifestée d'y revenir tous les ans, nous ont vivement rassurés, et nous pouvons nous livrer aujourd'hui, sans arrière-pensée, à toute la joie que nous a causée votre élection et que nous fait éprouver votre présence parmi nous.

« Monsieur le Président, veuillez recevoir, au nom de la Ville du Havre, au nom de la municipalité, non pas des souhaits de bienvenue, car vous êtes ici chez vous, mais l'expression de la vive et respectueuse affection de la population havraise ?

« Si elle a été fière de votre élévation à la magistrature suprême, elle ne l'est pas moins de voir que les sentiments que vous avez su lui inspirer sont partagés par le peuple de Paris, par tout le département de la Seine-Inférieure, par la nation tout entière.

« Permettez-moi de vous offrir, en souvenir des fonctions que vous avez exercées à l'Hôtel de Ville, en souvenir de cette journée, les insignes municipaux. »

Après avoir reçu des mains de M. Brindeau la médaille municipale en or, portant, d'un côté, les armes de la ville, et, de l'autre, l'inscription suivante :

CONSEIL MUNICIPAL DE LA VILLE DU HAVRE
A M. FÉLIX FAURE
PRÉSIDENT DE LA RÉPUBLIQUE FRANÇAISE
CONSEILLER MUNICIPAL (6 AOUT 1870)
ADJOINT AU MAIRE (4 SEPTEMBRE 1870)

le Président de la République répond :

« Mon cher Maire, mes chers Amis,

« Vous avez bien traduit ma pensée, quand vous avez exposé les raisons qui m'ont déterminé à consacrer ma première visite au Havre à l'Hôtel de Ville. Oui, je me souviens de toutes les étapes que j'ai faites à côté de vous. Oui, je me souviens des Guillemard, des Gustave Brindeau, des Marion et de tant d'autres qui ont lutté avec nous pour la République. Nous ne les oublions pas : et dans ce palais municipal où vous rappeliez mes débuts, je sais que je ne compte que des amis. Vous représentez la grande famille havraise. Je suis moi-même membre de cette famille. Et personne ne s'étonnera que ce soit au milieu des élus directs de cette famille, et aussi des membres de la Chambre de Commerce, que je vienne, tout d'abord, serrer la main de mes amis.

« L'heure est plutôt aux larmes qu'aux grands discours. Je suis profondément ému, et ne puis exprimer les sentiments que j'éprouve de toutes les marques de sympathie qui me sont prodiguées depuis mon entrée dans la Seine-Inférieure. J'étais sûr qu'en venant au Havre je rencontrerais cette grande affection dont j'ai besoin plus que jamais. Vous êtes mes garants devant la France, devant le monde. Vous me soutiendrez dans la tâche que je suis décidé à mener jusqu'au bout. »

Des cris de : « Vive Félix Faure! » accompagnés de chaleureux applaudissements répondent à ces paroles ; puis, le Président de la République s'entretient, quelques instants, avec les Conseillers municipaux qu'il connaît tous.

Il est près de sept heures, lorsque M. Félix Faure quitte enfin l'Hôtel de Ville, pour se diriger vers sa villa située boulevard Maritime, et qu'il doit habiter pendant tout son séjour au Havre.

Sur le parcours, les Sociétés de Gymnastique, les Sociétés chorales et les Sociétés de Secours mutuels forment la haie ; clairons et tambours sonnent et battent aux champs ; les musiques jouent la *Marseillaise ;* mais tout ce bruyant concert est couvert par les cris enthousiastes de la foule.

M. Félix Faure aura à se reprocher bien des extinctions de voix!

Le cortège a dû marcher au pas, et a mis plus de vingt minutes pour arriver devant la villa présidentielle, située à l'extrémité du boulevard Maritime, à l'angle de la rue Guy-de-Maupassant, aux confins du Havre et de Sainte-Adresse.

M. Félix Faure était enfin chez lui, et allait pouvoir consacrer quelques instants à sa famille qui l'avait précédé à la villa. Aussi, en descendant de voiture, a-t-il embrassé de bon cœur sa femme et ses filles. La foule, massée sur le boulevard Maritime, continuant ses acclamations, M. Félix Faure a dû paraître sur la terrasse, entouré des Ministres, des membres de sa maison militaire et de sa famille.

Aux derniers accents de la *Marseillaise*, la tombée de la nuit aidant, la foule s'est enfin dispersée, et M. Félix Faure a pu oublier, au milieu des siens, qu'il était le premier magistrat de la République, le dîner servi à la villa étant tout à fait intime.

Pendant que le Président de la République goûtait un repos bien gagné, la ville du Havre s'illuminait ; la foule qui encombrait les rues, et qui nous a paru — soit dit en passant — avoir complètement oublié de dîner, se portait sur l'itinéraire que devait parcourir la retraite aux flambeaux.

La municipalité avait répandu à profusion rampes de gaz et cordons électriques sur tous ses monuments; les particuliers, de leur côté, avaient tenu à se distinguer dans ce tournoi à coups de lampions. Aussi, la bonne ville du Havre nous a-t-elle offert un spectacle vraiment féerique pendant toute une partie de la nuit.

En rentrant à l'hôtel Frascati, où la municipalité avait eu l'amabilité de nous faire préparer des logements, nous rencontrons la fameuse retraite aux flambeaux, formée par les musiques du 119e de ligne et du bataillon des douanes. Elle a fort bon air, cette retraite, escortée par des gendarmes à cheval, des artilleurs et des soldats du 119e, porteurs de torches. Elle a commencé, cela va sans dire, par donner une aubade devant la villa du Président; celui-ci, encore une fois, s'est montré sur sa terrasse, au milieu des acclamations de la foule.

Les réceptions officielles ont eu lieu le lendemain matin, dès neuf heures, à la sous-préfecture. Elles ont duré plus de deux heures et ont eu, en partie, un caractère d'intimité, qui a fait disparaître la banalité caractéristique ordinaire de ces interminables et insipides cérémonies.

M. Bernal, consul d'Angleterre, doyen du corps consulaire, a d'abord présenté les consuls généraux, les consuls et les vice-consuls :

« En même temps que j'ai l'honneur de vous présenter mes collègues, a dit M. Bernal, les représentants consulaires au Havre des pays étrangers, et de vous souhaiter au nom de nous tous la bienvenue dans cette ville de notre résidence officielle, j'ai aussi lieu de vous exprimer combien nous nous trouvons heureux d'avoir l'occasion de saluer en votre honorée personne celle du Président de la République. »

Le Président a répondu :

« Je vous remercie de la démarche que vous faites. Elle me touche très vivement. Je vous connais depuis de longues années; je sais combien est importante la tâche que vous avez à accomplir, et je sais quelle intelligence et quel tact vous apportez dans son accomplissement. Dans une ville maritime, une grande cité industrielle et commerçante comme le Havre, vos fonctions ont une importance de premier ordre. Vous les remplissez de manière à rendre à vos nationaux les plus grands services et à entretenir avec les autorités et la population les relations les plus cordiales. »

M. Bernal a ensuite présenté le commandant du croiseur *Australia* et les officiers de son état-major :

« Monsieur le Président, j'ai l'honneur de vous présenter M. le capitaine de vaisseau Dykle-Acland, commandant du croiseur de S. M. britannique *Australia*, avec son état-major. Le capitaine Acland a été envoyé au Havre avec son navire, pour la présente occasion, par le Gouvernement de la reine, pour vous saluer d'abord et en témoignage des sentiments vraiment amicaux dont est animé notre pays envers la France et son honoré Président. »

M. Félix Faure a répondu :

« Je suis heureux de saluer le commandant de *l'Australia* et les officiers qui l'accompagnent; je suis touché de ce que le Gouvernement de la Reine ait profité de mon passage au Havre pour envoyer ce navire dans nos eaux. Je vois là un signe nouveau des rapports de bon voisinage qui existent entre l'Angleterre et nous, et une manifestation qui ne peut que rendre nos relations plus cordiales encore. Vous m'avez fait, commandant, exprimer par M. le consul général, le désir que je visite votre beau navire : je serai heureux de me rendre à bord de *l'Australia*, et je vous ferai indiquer le jour et l'heure de ma visite.

« J'ai reçu hier de Nice des télégrammes qui m'annoncent que le séjour de S. M. britannique dans le Midi de la France s'accomplit dans les meilleures conditions. Nos populations méridionales donnent chaque jour à Sa Majesté des témoignages de la haute estime et de la respectueuse sympathie que le grand caractère de Sa Majesté leur inspire, à elles comme à nous. Je suis, d'ailleurs, tenu au courant, chaque jour, de la façon dont Sa Majesté passe son séjour en France. Je suis convaincu qu'il vous sera agréable de recevoir ces bonnes nouvelles. »

Le défilé des autorités du Havre a commencé aussitôt après.

M. Bayeau, président du Tribunal civil, a présenté les membres du Tribunal de 1re instance, le Conseil des Avocats et la Chambre des Avoués :

« MONSIEUR LE PRÉSIDENT DE LA RÉPUBLIQUE,

« J'ai l'honneur de vous présenter les magistrats du Tribunal de 1re instance du Havre, qui sont heureux de saluer, dans la personne du chef de l'État, le citoyen, fils de ses œuvres, dont ils savent apprécier l'impartialité, l'indépendance de caractère, l'activité, la bienfaisance inépuisable, et aussi la fermeté lorsque les circonstances l'exigent.

« Depuis que vous êtes entré dans la vie politique, vous avez puissamment contribué à affermir nos institutions républicaines. La France attend de vous plus encore ; elle ne sera pas trompée dans son attente.

« Vos débuts dans la haute magistrature qui vient de vous être confiée sont pleins de promesses pour l'avenir. Ils ont rencontré, ce qui est rare de nos jours, surtout en politique, l'approbation unanime, et amené un apaisement bien désirable dans les partis extrêmes. Cet apaisement sera-t-il de longue durée ? Il faut l'espérer. Si, cependant, il devait en être autrement, la France républicaine qui ne veut plus d'aventures sait qu'elle pourrait compter sur votre énergie.

« Mais je ne veux même pas effleurer ici les questions politiques ; les magistrats appelés à rendre une justice impartiale, sans distinction de personnes ou de partis, ne doivent pas s'immiscer dans les luttes des partis.

« Vous connaissez, Monsieur le Président de la République, les magistrats du Tribunal du Havre ; ils sont sincèrement dévoués à la République, et, magistrats du Parquet comme magistrats du Siège, ils accomplissent leur devoir, dans la sphère de leurs attributions, en faisant comprendre à tous que la base fondamentale de l'ordre social est le respect du droit et de la loi. »

« Je sais, a répondu le Président, que vous avez rempli le devoir de votre charge avec impartialité et indépendance. »

M. Rœderer, président du Tribunal de Commerce, a présenté les membres du Tribunal :

« Votre élévation à la première magistrature, a dit M. Rœderer, a été accueillie avec d'autant plus de joie, que vous avez été un des membres les plus distingués du Tribunal de Commerce du Havre. »

M. Lemonnier a présenté le Conseil d'arrondissement du Havre ; puis, M. Brindeau a, de nouveau, présenté le Conseil municipal, les officiers de sapeurs-pompiers, les fonctionnaires municipaux, les Commissions administratives des Hospices, du Bureau de bienfaisance et du Mont-de-Piété :

« Je suis très honoré, Monsieur le Président, d'avoir à vous présenter en ces circonstances le Corps municipal.

« Vous connaissez l'œuvre accomplie à l'Hôtel de Ville par les différentes municipalités qui se sont succédé depuis la proclamation de la République, en 1870. Nos efforts se sont particulièrement portés sur la transformation des quartiers anciens, sur l'ouverture de nouvelles voies, sur les œuvres philanthropiques ; mais, à cet égard, M. Jules Siegfried, que je vois à vos côtés, et qui a rempli les fonctions de maire du Havre avec tant de distinction, pourrait vous renseigner mieux que moi-même.

« Nous avons voulu, avec la collaboration des anciens conseillers municipaux, nous autres qui sommes des nouveaux ou des presque nouveaux venus au sein de l'assemblée communale, continuer ces traditions.

« Si vous avez pu reconnaître dans nos rangs d'anciens collègues et des compagnons des vieilles luttes républicaines au Havre, vous pouvez être assuré que les plus jeunes n'ont d'autre ambition que de faire aussi bien que leurs aînés. C'est là une affirmation que nous faisons aussi aux membres du Gouvernement qui vous accompagnent, et qui nous ont fait l'honneur de visiter notre cité républicaine. »

« Vous savez quels sont mes sentiments pour vous, a répondu M. Félix Faure. Je n'ai pas besoin de les renouveler. Je suis heureux d'apprendre que les nouveaux venus au Conseil municipal du Havre se groupent autour des anciens. Je suis sûr, dès lors, que votre devise continuera à être : « Tout pour la République et pour le Havre ! »

M. l'abbé Varin, archiprêtre de Notre-Dame du Havre, a présenté les différents doyens-curés et vicaires du clergé :

« J'ai l'honneur de vous présenter les prêtres du clergé du

Havre, quelques-uns déjà connus de vous, tous heureux d'associer l'expression de leurs hommages aux élans de joie et de légitime orgueil de toute la ville, votre ville du Havre que vous aimez, et vous lui en donnez la preuve. Elle aussi vous aime, et elle vous le prouve bien par l'accueil si sympathique que vous y rencontrez. Rien ne sonne mieux au Havre que ces échos qui nous arrivent de toutes parts et qui nous parlent de votre prodigieuse activité, de votre sollicitude pour les orphelins ou malades des hôpitaux, de ces générosités quotidiennes dont vous avez la délicate intelligence, de votre coup d'œil de chef d'État, dans votre attention toute récente pour nos braves officiers et nos troupes du corps expéditionnaire. Nous en sommes fiers, et nous n'en sommes pas surpris.

« Le Havre connaît l'homme qui, tout jeune, avait déjà son but et allait de l'avant, le commandant de volontaires qui ceignait des premiers l'épée à l'heure du danger, le travailleur intelligent qui ne doutait jamais du succès, le député et le ministre d'État toujours demeuré bienveillant et secourable, en qui nous saluons aujourd'hui le Président de la République Française. Nous prions Dieu, qui a des grâces particulières pour les caractères marqués au sceau du courage, de la loyauté et de la générosité, de vous ouvrir ses plus larges trésors.

« Puissent nos vœux les plus ardents être exaucés ! Par vous et avec vous, Monsieur le Président, nous verrons notre chère Patrie prospère, honorée et passionnément aimée, son prestige puissant et son drapeau glorieux. »

M. Félix Faure a répondu :

« Je vous remercie, Monsieur l'Archiprêtre, de vos appréciations et des sentiments que vous m'exprimez. Je vous remercie de n'avoir pas oublié dans votre discours nos braves soldats. Vous savez toute la sollicitude que j'ai pour l'armée. Je suis heureux que vous l'ayez remarquée. Je m'efforcerai de faire en sorte que le Gouvernement de la République soit un Gouvernement de progrès, de tolérance et d'équité. »

M. Fontanès, président du Consistoire de l'Église réformée, s'est exprimé en ces termes :

« Nous sommes heureux et fiers de venir saluer un concitoyen, un travailleur infatigable, l'ancien professeur d'histoire de l'instruction mutuelle, élevé par le Parlement à la première magistrature du pays, et de vous offrir nos félicitations pour le succès de votre Présidence.

« Vous avez apporté dans ces hautes fonctions le sourire de la belle humeur et de la bonne grâce française, et vos visites empressées aux hôpitaux sont un témoignage éclatant pour vous que le premier caractère de la religion chrétienne est l'élan vers l'humanité souffrante. La part que vous prenez aux travaux du Conseil supérieur de la Guerre nous rassure sur le sort de l'armée et raffermit nos espoirs ; aussi le cœur de la Patrie a battu à l'unisson du vôtre, et nous n'avons qu'à demander à Dieu de conserver vos forces et votre santé, pour le développement de la prospérité nationale et le salut de la République. »

M. Max Cahen et le président de la Communauté israélite ont été ensuite introduits :

« Nous sommes fiers et heureux, Monsieur le Président, la Communauté israélite du Havre et moi, ministre officiant, qu'il nous ait été accordé de venir vous apporter les hommages respectueux et dévoués de tous les Israélites havrais.

« Soyez assuré, Monsieur le Président, que tous nous vous aimons du fond de nos cœurs, que tous aussi nous élèverons constamment nos prières à Dieu pour la conservation de vos jours, si précieux à la gloire et à la prospérité de notre chère Patrie. »

M. Latham, président de la Chambre de Commerce, a présenté les respectueuses sympathies de cette Assemblée, dont M. Félix Faure était encore récemment l'un des membres les plus actifs.

M. Marie-Cardine, chargé de prendre la parole pour M. Zevort, recteur de l'Académie de Caen, s'est exprimé ainsi :

« Monsieur le Président,

« En vous présentant, avant-hier, à Rouen, le corps académique, M. le recteur vous disait, dans un magistral langage, comment l'Université de France comprend ses devoirs envers l'État et la société, et comment elle les remplit.

« Ici, où, avec votre haut agrément, mon chef a voulu me laisser l'honneur de vous présenter le personnel universitaire du Havre, je n'ai pas à vous dire ce qu'il est et ce qu'il vaut.

« Vous le savez mieux que personne, Monsieur le Président, car vous le connaissez de longue date. Vous le connaissez pour l'avoir vu de près à l'œuvre pendant longtemps ; vous le connaissez pour avoir été membre du Conseil d'administration du Lycée de garçons ; vous le connaissez pour avoir fait, plus d'une fois, à nos Lycées, le grand honneur de présider leurs distributions de prix ; vous le connaissez pour vous être associé aux efforts de nos professeurs, en les encourageant, par tous les moyens en votre pouvoir, et en leur témoignant une constante sollicitude. Parmi ces encouragements que vous leur avez prodigués, vous me permettrez, Monsieur le Président, de rappeler que votre bienveillante intervention n'a pas été pour peu, nous le savons, dans la haute distinction qui a été récemment accordée, sur la proposition de M. Leygues, aujourd'hui Ministre de l'Intérieur, alors notre Grand-Maître, à un vétéran de l'enseignement, au doyen des professeurs du Lycée, à M. Vallin.

« Ce sont donc surtout des remerciements, Monsieur le Président, que nous devons vous adresser. Dans cette ville où l'instruction publique a toujours été l'un des premiers soucis des conseils élus, où les étudiants français et étrangers recevaient, il y a un an, une si belle et si cordiale hospitalité, où l'Université compte de nombreux amis, vous avez été, certes, l'un de ses protecteurs, l'un de ses appuis les plus fidèles et les plus dévoués.

« Avec tous les bons citoyens, Monsieur le Président, l'Université de France s'est réjouie de votre élévation à la première magistrature du pays.

« Le personnel enseignant du Havre a ressenti, plus que tout autre, cette joie ; et, au respect que vos hautes fonctions inspirent à tous, il ajoute un sentiment profond de respectueuse et reconnaissante affection pour votre personne. »

M. Félix Faure, tout en félicitant les professeurs de l'Université de leur dévouement, a fait un chaleureux éloge de leur enseignement libéral et du zèle désintéressé dont ils font preuve dans leurs délicates fonctions.

M. Dany, directeur de l'École de Commerce, a présenté les professeurs de cet établissement, dont M. Félix Faure a été, avec M. Siegfried, l'un des fondateurs.

Nous abrégeons la nomenclature des délégations officielles ; toutes ont défilé devant le Président qui a trouvé un mot aimable pour tous.

En présentant les officiers du 119e de ligne, du 12e chasseurs, les officiers de réserve et de territoriale, le général Giovanninelli a déclaré que « tous les officiers partageaient les sentiments de la population havraise et s'étaient associés de tout cœur à ses manifestations en l'honneur du chef de l'État ».

M. Félix Faure a rappelé qu'il a fait partie, comme stagiaire, du 119e, et a ajouté :

« Je sais tout ce qu'on peut attendre de l'armée. Je sais avec quelle constance elle se consacre à la mission que la République lui a confiée. Vous saurez être, Messieurs, à la hauteur de toutes les circonstances. »

Le Préfet maritime de Cherbourg a présenté les officiers des bâtiments de l'État, venus au Havre à l'occasion du séjour du Président de la République : *le Jean-Bart*, *l'Élan* et trois torpilleurs.

« Votre personne nous est particulièrement chère, a dit le vice-amiral, préfet maritime, et vous savez que le corps des officiers de marine est composé d'hommes de devoir et de sacrifice. »

Le Président de la République a répondu qu'il lui était agréable de recevoir les hommages des officiers de marine dont on peut tout attendre, et sur lesquels la France peut compter en toutes circonstances ; il a ajouté :

« Je sais quelles difficultés se produisent en raison du matériel nouveau. J'espère que prochainement vous aurez à votre disposition un matériel qui donnera au pays toutes les sécurités qu'il réclame. Vous avez parlé des sympathies que me porte la Marine française ; moi, j'ai laissé dans la Marine un morceau de mon cœur. »

M. Hendlé, préfet de la Seine-Inférieure, a ensuite présenté les maires de l'arrondissement.

Les instituteurs et les institutrices, venus en grand nombre, ont également été présentés par M. Hendlé. Le Président a prononcé l'allocution suivante :

« Messieurs les Instituteurs,

« Je connais personnellement un grand nombre d'entre vous, et ceux que, par hasard, il ne m'a pas été donné de connaître partagent, je le sais, les sentiments de leurs collègues. Je vous ai vus à l'œuvre, j'ai pu me convaincre sans peine que vos cœurs battent à l'unisson et que vous avez tous une passion commune : le progrès croissant et ininterrompu de l'éducation populaire.

« Votre tâche est aussi difficile que généreuse. Vous la remplissez avec un dévouement et un succès dont l'ancien député du Havre garde le vivant souvenir, et vous contribuez pour votre part, avec tous les maîtres de la jeunesse française, au bien de la République, à la grandeur du pays et au développement de la civilisation. »

Ces paroles ont été, est-il besoin de le dire, saluées des acclamations de ceux à qui elles s'adressaient.

Les délégations officielles passées, les représentants des Sociétés particulières ont défilé à leur tour ; nous avons compté plus de cinquante Sociétés ; parmi elles citons au hasard : Société de Secours mutuels ; Syndicats des Salaisons d'Amérique, du Commerce, des Cafés, de la Boucherie, de la Charcuterie, de l'Épicerie, des Brasseurs de cidre, des Ouvriers des tabacs; les Médaillés des Expéditions coloniales, les Anciens Élèves des écoles des Frères, la Société des Régates qui offre au Président un guidon d'honneur, les trois Loges de la Franc-Maçonnerie, les Sociétés de Gymnastique, etc.

La Société des Sauveteurs du Havre a été présentée par M. E. Grosos, qui a rappelé la sollicitude que M. Félix Faure a toujours montrée pour la Société dont il était président d'honneur.

« J'aime trop les Sauveteurs pour ne pas accepter avec empressement l'offre qui m'est fait d'en rester le Président d'honneur, » a répondu M. Félix Faure.

Au cours des réceptions, M. le Président de la République a remis :

La croix de Chevalier de la Légion d'honneur :

A M. Blanchard, ancien Président de la Chambre de Commerce du Havre; au pilote Picard.

M. Martin, chef mécanicien de *la Gascogne*, qui devait également recevoir la croix des mains du Président de la République, étant alité, M. Félix Faure a chargé le président de la Compagnie transatlantique, d'informer M. Martin de sa nomination :

« Nous avions apporté, a dit M. Félix Faure, la croix de la Légion d'honneur pour récompenser le chef mécanicien des efforts qu'il fit pour éviter une catastrophe lors de cette traversée de *la Gascogne* qui nous a tant émus et préoccupés. »

Les palmes académiques ont été décernées : à MM. de Coninck, adjoint; Noël, adjoint; Le Barcq, conseiller municipal du Havre; Dassy, directeur de l'École supérieure de Commerce du Havre; Hammont, professeur à cette École; Bornier et Teriot, directeurs d'écoles; Sautreuil, professeur de musique. La rosette d'officier de l'Instruction publique a été remise à M. Chamart, professeur au Lycée. Enfin, MM. Malheux, éleveur au Havre, et Decaens, propriétaire à Criquetot, ont reçu la croix de chevalier du Mérite Agricole.

La visite à la Bourse du Commerce a eu lieu aussitôt les réceptions terminées.

Le trajet est très court, puisque la Bourse n'est séparée de la sous-préfecture que par la place Carnot ; mais M. Félix Faure a tenu à le faire à pied, surtout pour se mettre plus en contact avec la population. La foule énorme, massée sur la place, a salué le chef de l'État, entouré des Ministres, par les cris mille fois répétés de : « Vive Félix Faure ! » « Vive le Président ! »

Au moment où M. Félix Faure franchissait le péristyle, les négociants lui ont fait une chaleureuse ovation ; quand il a pénétré dans la salle, les acclamations ont redoublé. Ce n'étaient plus seulement les cris de : « Vive Félix Faure ! » qui nous assourdissaient les oreilles, mais aussi les : « hip ! hip ! hourrah ! » retentissants poussés par les Anglais, qui se tenaient en grand nombre dans la salle. Il est impossible de rêver réception plus enthousiaste.

En recevant le Président de la République, M. Latham, président de la Chambre de Commerce, a prononcé l'allocution suivante :

« Monsieur le Président de la République,

« En honorant de votre visite la Bourse du Havre, qui est le centre de l'activité laborieuse de notre cité, vous avez été guidé par des pensées qui nous touchent profondément.

« Vous avez voulu revoir tous ceux qui, pendant votre carrière commerciale de plus de trente années, ont été vos collègues, vos confrères, vos collaborateurs et vos amis ; vous avez tenu à affirmer une fois de plus que, né dans le monde du travail, vous y avez grandi par votre incessant labeur ; enfin, vous êtes venu témoigner à notre communauté commerciale et maritime, la haute sollicitude du chef d'État pour les grands intérêts qu'elle représente.

« J'ai l'insigne honneur, en m'adressant à vous, Monsieur le Président, et l'agréable mission, étant l'interprète de tous, de vous exprimer notre respectueuse et vive reconnaissance.

« S'il nous a été permis de deviner vos intentions, il nous sera également permis de vous dire qu'elles nous vont droit au cœur.

« Tous nous savons combien vous vous souvenez du passé, combien vous vous préoccupez de tous ceux qui, à des titres divers, ont été ici en contact avec vous pendant votre brillante carrière, justement couronnée par votre élévation à la plus haute magistrature du pays.

« L'affectueux attachement que vous nous montrez nous serait déjà très précieux, venant de celui qui, par sa droiture, sa haute intelligence, son constant souci de l'intérêt public et son inaltérable bonté, avait conquis la première place parmi ses concitoyens, mais, de la part du chef d'État; il développe encore en nous la joie intense et la légitime fierté que nous avons ressenties, lorsque vous avez été appelé, par la confiance des représentants du pays, à la Présidence de la République.

« Cette confiance acquise auprès de vos collègues du Parlement, par votre probité politique, n'a pu nous surprendre, car, s'il ne nous appartient pas de louer ici la vaillance de vos efforts, pour établir et affermir l'idée républicaine dans notre pays, nous pouvons dire que cette probité politique, qui a été le gouvernail de votre haute destinée, est la sœur de la probité commerciale, également pratiquée par vous au milieu de nous, et qui reste la caractéristique et l'honneur de notre place du Havre.

« Nous ne sommes, Monsieur le Président, que l'écho de votre plus chère ambition, en souhaitant ardemment que les années de votre septennat soient prospères et fécondes pour la Patrie.

« Nous avons la conviction profonde qu'il en sera ainsi, qu'appuyé sur le sentiment qui vous rend déjà un éclatant hommage vous saurez, comme vous l'avez dit, être l'arbitre entre les partis, maintenir la paix à l'intérieur ; que, chef respecté d'une grande nation, forte, laborieuse et fière, vous saurez consolider la paix extérieure et assurer à la France une situation lui permettant, à l'aurore du xxe siècle, de célébrer dignement la fête du travail et de la civilisation.

« Monsieur le Président de la République,

« Nous désirons consacrer dans notre Palais de la Bourse les souvenirs de votre carrière de négociant, juge consulaire et membre de la Chambre de Commerce, et rappeler votre visite, par l'inscription commémorative que nous avons l'honneur de découvrir devant vous. »

Sur l'ordre de M. Latham, on a aussitôt, aux applaudissements répétés de l'assistance, découvert la plaque en marbre sur laquelle est gravée, en lettres dorées, l'inscription suivante :

M. FÉLIX FAURE

Président de la République Française
Négociant au Havre (1864-1895)
Juge au Tribunal de Commerce (1879-1881)
Membre de la Chambre de Commerce (1874-1894)
A honoré de sa visite la Chambre de Commerce du Havre
(18 avril 1895)

Cette touchante manifestation a profondément ému le Président de la République qui, avant de répondre, a dû attendre quelques instants, pour laisser aux applaudissements le temps de se calmer :

« Je ne trouve pas de termes pour vous bien dire à quel point je vous suis reconnaissant de cette manifestation. Les paroles que vous venez de prononcer, et qui sont pour une si large part inspirées par votre affection pour un enfant du Havre, ne me touchent pas moins par les souvenirs qu'elles évoquent et qui ont survécu à notre longue collaboration.

« Vous avez eu raison, Monsieur le Président, de rappeler mon attachement pour tous ceux au milieu desquels j'ai passé tant d'années, sans que jamais l'ardeur de la lutte pour le triomphe de nos idées ait diminué notre confiance réciproque et notre inestimable amitié. Je suis heureux de voir que vous comprenez si bien mes propres aspirations, et je vous remercie des vœux que vous avez manifestés en termes d'une si haute portée.

« Vous me connaissez assez pour ne pas douter que j'appliquerai à leur réalisation tout ce que je possède de force et de dévouement. Dans l'accueil qui m'est fait depuis hier et qui reflète cette confiance, il y a beaucoup de vos sympathies personnelles pour l'élu du Havre, mais je sais qu'il faut y voir aussi l'expression de votre foi républicaine.

« A ce double titre, laissez-moi vous répéter encore combien je suis ému des manifestations qui satisfont toutes mes espérances pour la République, et qui comblent de reconnaissance mon cœur de Havrais et de patriote. »

M. Cherfils, syndic des courtiers-conducteurs de navires, a pris ensuite la parole :

« Monsieur le Président de la République,

« La Chambre de Commerce, par l'organe de son sympathique président, vient de vous exprimer avec quels sentiments de fierté, et en même temps de confiance, a été saluée sur la place du Havre votre élévation à la première magistrature de la France.

« Le monde commercial et maritime de la Bourse est heureux de la circonstance qui lui est offerte, de s'associer publiquement aux ovations qui sont faites de toutes parts au chef de l'État, et il a pensé en même temps que ces ovations devaient avoir leur écho dans cette villa du boulevard Maritime, où se trouvent en ce moment réunies celles qui vous sont si chères.

« Permettez donc, Monsieur le Président, aux représentants de ce monde commercial, de vous adresser une supplique, celle de vouloir bien faire accepter par Mme Félix Faure, par Mlle Lucie Faure, et par Mme Berge, ces quelques fleurs, comme un hommage de nos sentiments les plus respectueux.

« Nos amis, dont les noms sont inscrits sur ce parchemin, y ont joint pour Mme Félix Faure un modeste souvenir, qui, dans leur pensée, lui rappellera la première visite officielle, que vous avez bien voulu, Monsieur le Président de la République, faire au Palais de la Bourse.

« Si nous ne craignions d'être indiscrets, nous serions très honorés, Monsieur le Président de la République, de recevoir de vous l'autorisation d'aller personnellement transmettre à Mme Félix Faure les hommages respectueux de tous ceux qui vous entourent. »

De plus en plus ému, M. Félix Faure a cherché en vain à dominer le tumulte en remerciant M. Cherfils.

Le Président s'est enfin retiré, escorté par tous les négociants qui l'ont reconduit à son landau, où il a pris place pour regagner sa villa.

Le temps de déjeuner en famille, et, à deux heures, M. Félix Faure était prêt pour les visites de l'après-midi. Ces visites, — à divers établissements privés et aux casernes — favorisées par un temps splendide, ont permis aux Havrais d'acclamer leur Président dans un grand nombre de quartiers.

Le cortège officiel était composé, à peu de chose près, comme à l'arrivée au Havre.

M. Félix Faure s'est d'abord rendu aux chantiers Normand, première étape des visites de l'après-midi. Tous les ouvriers de l'établissement, rangés dans la cour principale, ont fait le plus chaleureux accueil au Président, qui a été reçu par M. Augustin Normand. Celui-ci a souhaité, en ces termes, la bienvenue au chef de l'État :

« Monsieur le Président,

« Il y a peu de mois, j'avais l'honneur de saluer ici même M. Félix Faure, ministre de la Marine.

« Aujourd'hui, j'offre très respectueusement mes souhaits de bienvenue à Monsieur le Président de la République.

« Votre visite, Monsieur le Président, nous laissera un souvenir inoubliable. Nous y voyons un nouveau témoignage de cette bienveillance pour tous et surtout pour les ouvriers, dont vous avez donné tant de preuves et à laquelle on n'a jamais fait appel inutilement.

« Je vous remercie de ce très grand honneur en mon nom, au nom de ma famille et en celui de l'excellent personnel de nos ateliers. »

Dans une courte réponse, M. Félix Faure a manifesté son estime pour l'intelligent directeur de l'établissement.

Les chantiers offraient un coup d'œil des plus pittoresques. A l'entrée, un arc de triomphe, décoré d'engins maritimes, portait cette inscription : « *A FÉLIX FAURE!* » encadrée de la devise : « *HONNEUR, PATRIE!* »

Dans l'immense atelier décoré avec goût, nous avons pu lire sur des cartouches les noms des navires de guerre, avisos, torpilleurs, sortis des chantiers Normand : *Rapide*, *Hussard*, *Ardent*, *Capricorne*, *Lion*, *Hareng*, *Revanche*, *Basilic*, *Courrier*, *Petrel*, *Hirondelle*, *Antilope*, *Zemajtaj*, *Bisson*, *Lancier*, etc. etc.

Dans le hall du milieu, un trophée formé par des pièces de machines pour torpilleurs, une machine pour torpilleur complètement montée, prête à être mise en place, et destinée au torpilleur *N° 187*. Deux autres machines pour *l'Aquilon*, des pompes, des condensateurs, des arbres de couche, des machines à distiller, etc. etc.

Mlle Normand et son frère ont offert au Président de superbes bouquets. M. Félix Faure a aussitôt commencé sa visite dans les ateliers.

Au passage, il reconnaît un vieil ami, M. Mousset, et lui donne l'accolade aux acclamations de tout le personnel; le brave homme

pleure à chaudes larmes; le Président, de son côté, a beaucoup de mal à maîtriser son émotion.

Il remet des médailles à MM. Louis Dupont, Charles Desgarceaux et Jacques Duval et sort de l'atelier pour visiter les bâtiments en construction. Il monte avec sa suite sur *le Forban*, un torpilleur dont l'amiral de Cuverville fait ressortir les merveilles: il dépassera en vitesse tous les torpilleurs existants et filera 29 nœuds à l'heure; malgré cette surprenante vitesse, les constructeurs sont parvenus à éviter les vibrations.

L'établissement visité jusque dans ses moindres détails, le Président se retire au milieu des acclamations des ouvriers.

Le trajet est assez long des chantiers Normand aux Forges et Chantiers. Un grand nombre de commerçants de la rue de Paris attendaient, auprès de l'arc de triomphe de la place Richelieu, le Président de la République, qui a fait arrêter son landau pour écouter l'allocution de M. Landrieu, président du Comité ; la voici :

« MONSIEUR LE PRÉSIDENT DE LA RÉPUBLIQUE,

« Je suis particulièrement heureux de vous souhaiter la bienvenue, au nom des commerçants de la rue de Paris et de ceux des places avoisinantes.

« Tous sont unanimement touchés de la sympathie profonde que vous leur témoignez ; et aujourd'hui les Havrais croient avoir payé leur dette à la Patrie, puisque c'est parmi eux que s'est élevé celui qui maintiendra désormais les libertés et les droits que nous avons conquis.

« Notre confiance est grande, puisque c'est de vous, Monsieur le Président, que dépendent maintenant et l'affirmation de la justice que nous désirons, et le salut de la République que nous aimons.

« Vive Félix Faure !

« Vive la République ! »

M. Félix Faure a répondu en termes émus à cette allocution; la foule, dans laquelle nous avons remarqué beaucoup de dames, a de nouveau acclamé le Président, qui, sur la demande de M. Landrieu, a accepté d'être accompagné par tous les membres du Comité jusqu'en bas de la rue de Paris.

M. Bellanger, vice-président, a remercié de nouveau M. Félix Faure de sa sympathie pour le commerce havrais.

Le cortège s'est ensuite remis en mouvement; le parcours des quais a été particulièrement intéressant: les ouvriers du port, grimpés sur des caisses de marchandises et sur des camions, ont acclamé le Président à son passage. Quand le landau présidentiel est arrivé au bassin où le croiseur anglais, *l'Australia*, et *le Jean-Bart* étaient amarrés, l'équipage anglais de *l'Australia* a poussé des hourrahs frénétiques, pendant que la musique du *Jean-Bart* jouait la *Marseillaise*. Les officiers anglais en grand uniforme et les soldats de marine, dont la tunique rouge se détachait sur les couleurs sombres du reste de l'équipage, ont fait le salut militaire lorsque le landau de M. Félix Faure a dépassé le bâtiment. Marins français et anglais, rangés sur les lisses de leur navire, mêlaient leurs acclamations.

Rue Bellot, une petite fille de quatre ans a offert un bouquet au Président de la République.

Vers trois heures et demie, le cortège est arrivé à l'entrée des Docks; le directeur, M. Dupont, a remercié M. Félix Faure de sa visite.

En l'absence du président et du vice-président de la Compagnie, M. Perquer lui a adressé l'allocution suivante:

Monsieur le Président,

« L'importance de ses opérations, sa communauté avec l'Administration des Douanes et la ville du Havre ont déjà valu à notre Compagnie l'honneur de recevoir, pendant leur séjour officiel dans notre ville, la visite de deux de vos prédécesseurs à la Présidence de la République.

« Des stocks de marchandises de toutes natures, des déchargements rapides, une manutention incessante, donnent ici une idée de l'activité de notre port et de notre entrepôt commercial.

« Votre présence, Monsieur le Président, n'est pas motivée par le désir d'étudier ce que votre vie, toute de travail parmi nous, vous a fait connaître depuis longtemps.

« Vous avez consenti à venir retrouver ceux qui s'honorent d'avoir été vos collègues, dans le conseil de cette Compagnie ; un directeur, dont vous avez été à même d'apprécier le rare mérite ; des collaborateurs, qui se distinguent par un zèle à toute épreuve, et vous étiez assuré de trouver parmi eux tout l'accueil le plus empressé et le plus respectueux.

« Vous avez tenu aussi à visiter notre nombreux personnel d'employés et d'ouvriers qui, tout entier, vous garde une grande reconnaissance d'avoir accepté naguère les fonctions de président d'honneur de la Société de secours mutuels, et de lui avoir constamment témoigné un bienveillant intérêt.

« A tous ces titres, soyez, Monsieur le Président, le bienvenu à la Compagnie des Docks-Entrepôts ; agréez nos remerciements pour l'insigne honneur de votre visite, ainsi que l'hommage de notre plus profond respect.

« Plusieurs de nos collègues de Paris ont eu le regret de ne pouvoir se joindre à nous. Notre président, en particulier, retenu par des raisons impérieuses, m'a donné mission spéciale de l'excuser auprès de vous, et de vous dire la haute satisfaction qu'il aurait éprouvée à vous faire les honneurs de notre établissement. »

Après avoir causé quelques instants avec les administrateurs, MM. le baron de Chabaud-Latour, Davillier-Lamotte et Raoul Duval, M. Félix Faure a remis des médailles de travail en argent à MM. Jules Fauques, voilier, et Génereau Le Croc, chef d'équipe voilier.

Le Président de la République est remonté ensuite en voiture ; mais l'affluence des ouvriers était telle qu'il a fallu prendre le pas, et c'est ainsi qu'on est arrivé aux Forges et Chantiers, où M. Félix Faure a été reçu par MM. Jouët-Pastré, président du Conseil ; Bartholoni, vice-président ; Marcuard, Babin, général Sébert, comte de Moüy, ambassadeur, administrateurs, et par les membres du personnel de Paris, dont voici les noms : MM. Widmann, directeur général ; Faustin Jouët-Pastré, secrétaire général ; Canet, directeur de l'artillerie ; Carrié, ingénieur en chef ; et par le personnel du Havre : MM. Bricard, directeur de l'exploitation ; Roger, directeur de l'atelier d'artillerie ; Sigaudy, ingénieur en chef des ateliers ; Coville, ingénieur en chef des chantiers, etc., et par tout le personnel administratif et technique ; par les Médaillés du travail, le président Berlié en tête, et le Conseil d'administration de la Caisse de secours.

M. Jouët-Pastré a prononcé l'allocution suivante :

« Monsieur le Président,

« Au nom du Conseil d'administration de la Compagnie des Forges et des Chantiers de la Méditerranée, et de son personnel à tous les degrés de la hiérarchie, j'ai l'honneur de vous prier d'agréer la respectueuse expression de notre gratitude, pour l'intérêt que vous n'avez jamais cessé de porter à nos travaux, et dont votre visite en ce jour à nos établissements est un nouvel et éclatant témoignage.

« Nos remerciements s'adressent également aux membres du Gouvernement qui vous accompagnent.

« C'est de tout cœur, Monsieur le Président, que nous saisissons cette circonstance, pour joindre nos acclamations à celles de la patriotique population du Havre, si heureuse et si fière de vous voir en ce moment parmi elle.

« Vive le Président de la République !

« Vive Félix Faure ! »

Puis, M. Brincard a présenté le Conseil d'administration de la Caisse de secours et les Médaillés du travail au Président de la République, et s'est exprimé en ces termes :

« Permettez-moi, Monsieur le Président, de vous présenter à mon tour deux groupes qui sont pour vous de vieilles connaissances.

« Dans le premier, se trouvent le président de notre Caisse de secours, Laroque, que vous connaissez de longue date par mon regretté prédécesseur, M. Cazavan, les vice-présidents et les commissaires, tous désignés à l'élection par leurs camarades.

« Vous savez, comme moi, ce que cette Société, créée du temps des frères Mazeline par Mme Mazeline aîné, en 1840, a fait de bien depuis son origine, et combien elle mérite l'appui que lui donne notre Conseil.

« Le second groupe, qui se compose de nos Médaillés du travail au nombre de plus de cinquante, vous est peut-être plus connu encore.

« Vous avez fait, en effet, l'insigne honneur à ces Médaillés de vous asseoir à leur table, à côté de Berlié, le président de tous les Médaillés du travail au Havre, le doyen de nos chefs d'ateliers et contremaîtres, un modèle de dévouement, de savoir professionnel et d'honneur.

« Votre présence ici, aujourd'hui, Monsieur le Président, avec l'éclat qui vous entoure, leur cause, comme à moi, une profonde émotion et une immense joie. »

Un vase en bronze, fondu à son intention, a été offert à M. Félix Faure par M. Gautier, mouleur depuis cinquante ans dans l'établissement. Les apprentis les plus jeunes de l'atelier : Jules Faraut, Georges Louvel et Marie Anne, lui ont ensuite présenté trois superbes bouquets, offerts à l'intention de Mme Faure.

Le Président de la République a, aussitôt après, procédé à la remise des décorations :

Le mécanicien de *la Gascogne*, M. Martin, qui, malade dans la matinée, n'avait pu assister aux réceptions de la sous-préfecture, a reçu la Légion d'honneur.

« Vous avez, lui dit le Président, dans la dernière traversée qui nous a tant émus, fait preuve d'un sang-froid dont le Gouvernement de la République a tenu à vous récompenser. Martin, je vous fais chevalier de la Légion d'honneur! »

Un autre ouvrier, M. Berlier, contremaître d'un atelier de montage, depuis quarante-huit ans dans l'établissement, a reçu également la Légion d'honneur.

« Nous avons tenu, lui dit le Président, en attachant la croix sur la poitrine du brave ouvrier, à récompenser toute une vie d'honneur et de travail. »

Les applaudissements éclatent de tous côtés. M. Félix Faure ajoute :

« Ces applaudissements prouvent qu'en vous récompensant on récompense tout l'atelier, tous vos camarades de travail. »

Le brave homme balbutie quelques mots de remerciement, mais ne trouve, en réalité, que des larmes pour répondre aux affectueuses paroles du chef de l'État.

Le Président de la République a procédé ensuite à la distribution des médailles d'honneur décernées à MM. Élie Dubost, Émile Hérouard, Marius Ramandoux, Allain Sénateur, Adolphe Hébert, Joseph Vincent, Albert Chemin, Émile Delaunay, et à MM. Delaunay jeune, Tétrel, Hérouard, Desfeux, Dubost, Danjou, Dufau, Émile Leroy.

Trois dames, parmi lesquelles Mme veuve Morand, ont également reçu des médailles d'honneur.

Parcourant ensuite les ateliers, après avoir admiré les modèles des machines du *Pothuau*, du *Cassard* et du *Catinat* en construction pour le compte de l'État, le Président s'arrête devant le modèle d'un grand voilier de 3,500 tonneaux.

M. Génestal, conseiller général, explique que ce splendide spécimen de l'industrie navale française sera construit avec le produit d'une souscription organisée par MM. Brown, Corblet, Trouvey et lui-même.

M. Corblet prend ensuite la parole :

« MONSIEUR LE PRÉSIDENT,

« Au nom d'un groupe d'armateurs du Havre et de nombreux amis, je viens vous prier de vouloir bien nous faire l'insigne honneur de donner votre nom, si universellement aimé et respecté, au grand navire dont MM. les ingénieurs des Forges et Chantiers de la Méditerranée viennent de vous présenter le modèle. Nous espérons le voir bientôt porter dignement le pavillon de la France, jusque dans les contrées les plus reculées. »

M. Félix Faure accepte en remerciant M. Corblet et ses collègues. Il se retire, enfin, après avoir examiné les différents travaux du magnifique établissement qui est une des gloires de l'industrie française.

C'est au milieu des plus grandes difficultés que le cortège est parvenu à se reformer, toutes les voitures se trouvant noyées dans l'immense cohue des ouvriers.

A la caserne des Douanes, qu'il a visitée en sortant des Forges et Chantiers, M. Félix Faure a été reçu par M. de Tastes, directeur des Douanes, qui a présenté les douaniers en vantant avec juste raison leur dévouement et leur courage.

« Je suis très heureux, a répondu M. Félix Faure, de pouvoir dire aux douaniers, dont je connais les mérites, combien j'apprécie leurs services. »

Le Dr de Bossy, le doyen des médecins de France (on avait fêté quelques semaines avant son 102e anniversaire), s'est alors avancé.

entouré de trois petites filles dont les trois robes formaient l'ensemble de nos couleurs nationales.

Ce vert vieillard, entouré de trois printemps, nous a offert un des plus jolis tableaux qu'il soit possible de voir. D'une voix assurée, le docteur a souhaité la bienvenue au Président, en disant qu'il était heureux d'avoir pu venir offrir ses hommages au chef de l'État.

— A l'année prochaine, a répondu M. Félix Faure, en remerciant le vénérable docteur de ses paroles de bienvenue.

Les Jérémies qui passent leur temps à pleurer sur la dépopulation feront bien de s'abstenir, si jamais ils pénètrent dans la caserne de la

douane; ces modestes fonctionnaires que nous avons vu présenter gravement les armes nous ont, en effet, montré que, dans leurs moments perdus, ils songent à la famille ; les bambins, filles et garçons, rangés dans la cour de la caserne, en ont fait foi. Et quelles voix pour crier : « Vive Félix Faure ! »

Avant de se retirer, le Président de la République a remis la médaille militaire au brigadier Petit.

Après la caserne des Douanes, M. Félix Faure a successivement visité les casernes Kléber et Éblé.

Une immense draperie aux couleurs nationales, tombait du faîte du bâtiment central de la caserne Kléber, portant les noms des batailles où le 119e s'est illustré : *Burgos*, *Santander*, *les Arapiles*. Des drapeaux français et russes flottaient à toutes les fenêtres.

M. Félix Faure a remis la médaille militaire à l'adjudant Delahaye du 119e de ligne, et aux maréchaux de logis de gendarmerie, Lottiaux et Mertz.

Après avoir visité toute la caserne Kléber, M. Félix Faure s'est rendu à la caserne Éblé occupée par l'artillerie, où nous avons trouvé une décoration tout au moins originale. Un énorme motif occupant la partie centrale de la cour du quartier : trois chèvres dressées en pyramide et reliées par des guirlandes de verdure; au sommet, l'écusson symbolique de l'arme ; sur les côtés, six pièces de canon avec leurs affûts enguirlandés, des faisceaux formés de leviers, d'écouvillons, d'appareils de pointage, des piles de boulets, des ammoncellements de gargousses, etc.

Cette dernière visite terminée, le Président de la République est rentré vers six heures à sa villa du boulevard Maritime pour en res-

sortir à sept heures, et se rendre à la sous-préfecture où il offrait un dîner aux ministres, aux députés et sénateurs et aux autorités de la ville. M. François Coppée, de l'Académie Française dont on devait, le lendemain, jouer *Pour la Couronne*, et le commandant de *l'Australia* assistaient à ce banquet.

Le soir, a eu lieu au Théâtre-Cirque la grande soirée de gala organisée au bénéfice des œuvres de bienfaisance locales et de l'Association des Dames Françaises, par la Société de Sainte-Cécile, avec le concours de la Lyre Havraise et des enfants de l'école laïque. M. Félix Faure, entouré de sa famille, des ministres et de sa maison militaire, y assistait. Lorsque le Président de la République apparut dans la loge qui avait été richement décorée pour la circonstance, toute la salle s'est levée en criant : « Vive Félix Faure ! » La *Marseillaise* a été aussitôt entonnée par les dames de la Société de Sainte-Cécile, les sociétaires de la Lyre Havraise et le chœur des enfants. La strophe : *Amour sacré de la Patrie*, déclamée par M. Jacques Fénoux, un drapeau à la main, a produit un effet des plus saisissants. Toute la salle, debout, s'est tournée vers la loge présidentielle, en applaudissant et en criant : « Vive Félix Faure ! »

Le programme portait :

LUTÈCE

Symphonie dramatique en trois parties, poème et musique
par AUGUSTA HOLMÈS

Première partie : **Le Départ**; — *Deuxième :* **Le Champ de Bataille**
Troisième : **Après la Défaite**

Une Gauloise...........	Mlle BOURGEOIS (de l'*Opéra*).
Un Gaulois	MM. NOTÉ (de l'*Opéra*).
Un messager de guerre..	SEMINEL (de la *Lyre Havraise*).
Un vieillard.............	HUILANT (de la *Lyre Havraise*).
Le récitant	Jacques FENOUX.

Trois cents exécutants sous la direction de M. CIFOLELLI, chef d'orchestre de la Société *Sainte-Cécile*.

Tous les artistes y ont obtenu un légitime succès.

A onze heures et demie, M. Félix Faure se retirait, acclamé par la foule, qui avait patiemment attendu son départ devant le théâtre.

VI

VISITES AUX HOPITAUX. — LES CUIRASSÉS *POUR LA COURONNE*

La matinée du lendemain, vendredi 19 avril, a été consacrée à la visite des hôpitaux ; nous avons déjà eu à signaler quel soin et quelle délicatesse le Président apporte à ces sortes de visites.

Le cortège officiel s'était formé dès neuf heures, à la Villa, pour se rendre directement à l'Hospice général. Dans le landau présidentiel avaient pris place : le général Tournier, M. Leygues et M. Brindeau. Sur le parcours, toujours même affluence et même enthousiasme.

A l'arrivée à l'Hospice général, M. Brindeau, maire du Havre, a présenté en ces termes le personnel de l'établissement :

—

« Monsieur le Président de la République,

« La Commission administrative des Hospices, que j'ai l'honneur de vous présenter, vous remercie de bien vouloir visiter les deux grands établissements dont la gestion lui est confiée : le corps médical hospitalier et tout le personnel administratif et actif, vous en sont aussi vivement reconnaissants. Je suis heureux de vous dire, Monsieur le Président, que tout le monde, ici, a le souci de ses devoirs, et que le dévouement absolu, le courage obscur et désintéressé y sont la règle.

« Vous êtes ici, Monsieur le Président, dans le plus ancien de nos établissements : c'est une petite ville qui s'est agrandie peu à peu dans une longue succession d'années. Si vous n'y rencontrez pas, à proprement parler, comme dans notre nouvel Hôpital, des installations neuves, méthodiquement comprises, nous pouvons dire, en revanche, que sa situation, sur les flancs de la côte d'Ingouville, est exceptionnellement salubre, et que jamais aucune épidémie ne s'y est sérieusement développée.

« Cet établissement renferme des malades civils, des vieillards, des enfants assistés ; il comprend également un quartier réservé aux militaires.

« Le budget de l'établissement s'élève à environ un million : la ville du Havre lui alloue une subvention de 650,000 francs par an.

« Il renferme 1,240 lits, et sa population actuelle est de 1,018 hospitalisés.

« Toute cette population se réjouit de vous voir, ou plutôt de vous revoir, Monsieur le Président. Il y a entre ceux qui souffrent une incroyable solidarité ; aussi, puis-je vous dire que la sollicitude que vous avez, dès les premiers jours de votre haute magistrature, manifestée à l'égard des hôpitaux de Paris, a vivement touché nos malades. Ils y ont pris d'autant plus de part qu'elle leur donnait en même temps l'espérance de vous voir parmi eux.

« Lorsque vous sortirez d'ici, Monsieur le Président, votre sourire, votre cordialité, vos affectueuses paroles auront fait bien des heureux. Nous vous en remercions d'avance en leur nom, en vous priant de vouloir bien parcourir les salles qui vous paraîtront les plus intéressantes à visiter. »

M. Félix Faure a remercié M. Brindeau, en déclarant qu'il était l'interprète de tout le pays, qui est reconnaissant à ceux qui soignent les malheureux.

La visite de l'établissement a aussitôt commencé ; dans la cour principale étaient rangés tous les hospitalisés, hommes, femmes et enfants; un petit garçon, le jeune Vallet, a remis un bouquet à M. Félix Faure, en lui souhaitant la bienvenue ; une fillette, Suzanne Lemarchand, en un compliment fort bien tourné, a prié le Président de vouloir bien accepter, pour Mme Félix Faure, un chemin de table brodé par les enfants de l'Hospice, et renfermé dans une boîte portant cette inscription : « *HOMMAGE RESPECTUEUX DES ENFANTS DES HOSPICES DU HAVRE A Mme FÉLIX FAURE.* »

Un peu plus loin, le Président a vivement félicité une ancienne infirmière, Mme Lepetitpas, devenue sourde et aveugle, en soignant les malades pendant les épidémies de fièvre typhoïde, de variole et de choléra.

Guidé par le Maire et MM. Auguste Rispal et Laplanche, le Président a parcouru toutes les salles, s'arrêtant à presque tous les lits, interrogeant les malades, s'inquiétant de leur souffrance, de leurs ressources, de ce qu'ils feraient au sortir de l'hospice.

Dans la salle Saint-André, le D[r] Le Cène a présenté à M. Félix Faure la Sœur Waldy, de l'ordre de Saint-Thomas-de-Villeneuve, originaire de Bohême.

— Depuis combien de temps êtes-vous à l'hôpital? lui a demandé le Président.

— Quarante-huit ans!

— Vous êtes bien ici?

— J'ai toujours été heureuse.

— Je suis heureux de vous annoncer que M. le Ministre de l'Intérieur vous remettra une médaille d'honneur, en récompense de vos services; elle vous sera donnée au nom des Français reconnaissants.

— Mais je ne la mérite pas, a balbutié la brave Sœur; je n'ai rien fait pour cela, Monsieur le Président.

— Ce n'est pas votre affaire, a répliqué M. Félix Faure, c'est la nôtre!

Continuant sa visite par le pavillon militaire, le Président a remis une médaille d'argent à Mme Flaure, Sœur supérieure, qui compte quarante-quatre années de services à l'Hospice.

Deux incidents assez amusants à signaler :

Une malade interrogée, et ne répondant pas aux questions qui lui étaient adressées, le docteur s'est empressé de déclarer que la brave femme était bretonne, et ne comprenait pas un traître mot de français ; le Président a dû avoir recours à l'aimable M. Le Gall qui a servi d'interprète au grand ahurissement de la malade.

Dans une autre salle, une vieille de soixante-quinze ans, à qui M. Félix Faure demande si on la soigne bien, fait cette réponse d'une incontestable saveur normande :

— Je n'ai pas à me plaindre..... jusqu'à présent!

— Ah ! jusqu'à présent ! Vous entendez, docteur, jusqu'à présent! a répliqué le Président en souriant.

De l'Hospice général, le Président de la République s'est rendu au nouvel hospice dont le personnel, entièrement laïque, a été présenté par M. Brindeau.

Ce magnifique établissement, construit d'après les dernières règles de l'hygiène, a été élevé sous les auspices de M. Jules Siegfried, alors maire du Havre. Tous les pavillons, entièrement isolés et admirablement aménagés, sont construits au milieu d'un vaste parc boisé. On a obtenu ainsi une salubrité exceptionnelle.

« Cet établissement, a dit M. Brindeau en terminant son discours, a rendu, dans différentes épidémies, et notamment pendant le choléra de 1892, les plus précieux services. Nous pouvons affirmer que c'est grâce à son installation particulière, que nous avons dû de pouvoir enrayer l'épidémie, qui est venue y mourir.

« Vous avez devant vous, Monsieur le Président, plusieurs membres du personnel qui ont été médaillés à la suite de cette épidémie, — notamment plusieurs de nos surveillants laïques, dont le courage et le dévouement ont été, à cette époque, au-dessus de tout éloge. Je n'ai pas besoin de vous les présenter, car vous êtes venu, en 1892, au chevet des cholériques, consoler les malades et encourager ceux qui les soignaient. »

Comme à l'Hospice général, M. Félix Faure a visité toutes les salles. Dans l'une d'elles, il a vivement félicité une surveillante, Mlle Marie, sur la poitrine de laquelle brillaient la médaille d'encouragement au bien et la médaille d'honneur qui lui a été décernée en 1892, pour son courage et son dévouement pendant l'épidémie cholérique.

Dans une autre salle, un malheureux jeune homme, cloué au lit par un abcès à la jambe, interrogé par M. Félix Faure, ne demande rien pour lui, mais s'inquiète de la position de sa mère, dont « il est, dit-il, l'unique soutien ».

— Soyez sans inquiétude ! réplique M. Félix Faure, qui appelle aussitôt un de ses officiers d'ordonnance et lui fait inscrire un secours pour la pauvre femme.

Avant de se retirer, le Président de la République a vivement félicité les docteurs et tout le personnel :

« Tous vos malades, Messieurs, a-t-il dit, ne peuvent vous remercier ; mais tous ceux que j'ai interrogés m'ont exprimé leur vive reconnaissance. Je vous remercie, et je vous félicite au nom du pays des services que vous rendez. »

Le Président a, enfin, laissé une somme de 500 francs, pour améliorer l'ordinaire des deux établissements qu'il venait de visiter.

En sortant du nouvel Hospice, M. Félix Faure s'est rendu à la crèche Sainte-Marie. Cette visite, qui n'était pas inscrite au programme, ne devait être faite que par Mme Félix Faure — une des bienfaitrices de l'Œuvre — et ses filles ; mais le Président a exprimé le désir de rejoindre sa femme, pour montrer, une fois de plus, la sollicitude dont il entoure les enfants des travailleurs et la joie qu'il éprouve à faire briller de plaisir les yeux des tout petits.

Si nous en jugeons par les cris variés et les battements des petites mains, M. Félix Faure a pleinement réussi à la Crèche Sainte-Marie.

Cet établissement, assez vaste et à l'aspect propret, dû aux libéralités de M. Grosos, est dirigé par les Sœurs de Saint-Vincent-de-Paul. Il est surtout destiné à recevoir les enfants des ouvrières du quartier de Graville, qui les laissent en garde avant de se rendre à leur travail et les reprennent, le soir, en rentrant chez elles ; cela montre l'utilité d'une pareille œuvre.

A son arrivée, le Président a été reçu par Mme Grosos, présidente de l'Œuvre, et par les Dames patronnesses ; après avoir accepté des bouquets et deux petits bronzes qui lui ont été remis par des enfants, M. Félix Faure a commencé immédiatement sa visite.

Au milieu de la salle du rez-de-chaussée, les bambins de moins de quatre ans sont parqués, les filles en rose, les garçons en bleu ; deux jeunes Sœurs les surveillent ; dans la salle à côté, les berceaux et les petits lits sont rangés symétriquement. Au premier, se trouve un ouvroir, où des fillettes font de la couture et de la broderie. Une jeune fille, Mlle Dumesnil, a adressé un joli compliment à Mme Félix Faure et a offert à Mlle Lucie Faure et à Mme Berge deux ouvrages de broderie exécutés par les enfants recueillis dans l'établissement.

Redescendu au rez-de-chaussée, M. Félix Faure, aidé de sa femme et de ses filles, a procédé à la distribution des jouets. Je renonce à dépeindre la joie des enfants à la vue de cette profusion de poupées, de pantins, de petits chevaux. Chacun a eu sa part et, rouge de plaisir, une fois le butin acquis, ne s'est pas plus occupé de ses augustes visiteurs que de ses voisins.

Enfin, à midi, le Président s'est retiré.

Des gamins, grimpés sur les grilles de la cour, ont regardé d'un œil d'envie ce qui s'est passé à l'intérieur.

— Eh bien ! s'écrie M. Félix Faure, il doit bien rester des jouets pour ces enfants-là !

Nouvelle distribution, avec accompagnement de cris de joie !

Pour rentrer à la villa, où était servi un déjeuner intime, Mme Faure, ses filles, ainsi que Mmes Leygues, Lebon et Dupuy-Dutemps, ont pris place dans les voitures du cortège. Est-il utile d'ajouter que, sur tout le parcours, M. le Président et sa famille ont été acclamés par la population.

Le programme primitif ne comportant rien pour l'après-midi, pour mettre ce temps à profit, M. Félix Faure a décidé de visiter les cuirassés français et anglais.

Le Président ne devant être accompagné dans sa visite à *l'Australia* que par les Ministres et sa maison militaire, les autres personnes de sa suite se sont rendues directement sur *le Jean-Bart*, ainsi que l'avaient fait Mme Faure et Mlle Lucie Faure, Mme Berge, Mmes Leygues, Dupuy-Dutemps, Lebon et Tournier. Le commandant Parfait a reçu les invités et a fait très aimablement les honneurs du bord.

A trois heures, le landau présidentiel nous était signalé par les cris de : « Vive Faure ! » poussés par la foule immense qui avait envahi les quais.

Posté dans une des tourelles du *Jean-Bart*, j'ai pu assister à ce qui se passait sur le vaisseau anglais ; mais mon confrère et excellent ami, Perreau, du *Temps*, plus heureux que moi, a pu pénétrer sur *l'Australia ;* aussi ne puis-je mieux faire que de lui emprunter son récit :

« Un temps superbe a favorisé la visite que le Président de la République a faite à bord du croiseur cuirassé anglais *Australia* et du croiseur français *Jean-Bart*. Grâce à l'amabilité du consul général britannique au Havre, M. Bernal, et du capitaine de vaisseau Aclan, commandant *l'Australia*, j'ai pu, avec mon confrère Pognon de l'*Agence Havas*, et deux autres seulement de nos confrères, assister, à bord du croiseur anglais, à la visite du Président de la République.

A trois heures moins quelques minutes, Mme Félix Faure, ses deux filles et son gendre, Mmes André Lebon, Leygues, Dupuy-Dutemps, Tournier, Hendlé, etc., arrivent sur le quai du Général-Faidherbe, qui longe le bassin de l'Eure, où sont ancrés le *Jean-Bart* et *l'Australia*. Elles prennent place, en même temps que les sénateurs, les députés et le préfet de la Seine-Inférieure, dans deux canots du port, que remorque une chaloupe à vapeur et qui les conduisent à bord du *Jean-Bart*. Quelques instants après, voici le cortège officiel : le Président de la République est accompagné par les ministres Leygues, André Lebon et Dupuy-Dutemps, le général Tournier et tous les officiers de la maison militaire, le préfet maritime de Cherbourg, le commandant Richard. *L'Australia* devait être amarrée à quai, mais l'insuffisance de la marée a empêché le déplacement du navire ancré à environ 200 mètres du bord et qui n'a guère plus, à l'endroit où il repose, de 50 centimètres d'eau sous la quille. Aussi est-ce en canot que M. Félix Faure se rend à bord.

Dès qu'il met le pied sur ce canot, remorqué par une chaloupe à vapeur, on hisse à l'avant le pavillon personnel du chef de l'État, tricolore avec les lettres dorées F. F. entrelacées, imprimées au milieu du blanc du drapeau. Pour atteindre *l'Australia*, il faut passer à l'avant du *Jean-Bart* : les marins de ce navire, debout sur la lisse, se tenant par la main, répètent sept fois le cri de : « Vive la République ! » chaque fois prononcé tout d'abord par l'officier de quart ; la musique des équipages, venue de Brest, exécute la *Marseillaise*. Le canot présidentiel passe à l'avant de *l'Australia*, où, en quelques instants, les marins sur la lisse, et les soldats d'infanterie de marine sur le pont, ont pris leur position réglementaire.

Le canot présidentiel aborde à tribord le croiseur anglais. A ce moment le drapeau français est hissé au grand mât de *l'Australia*. Sur la coupée, M. Félix Faure et les Ministres sont reçus par le capitaine de vaisseau Acland et le consul général Bernal. L'équipage ne pousse pas un cri; il paraît que, dans la marine anglaise, la présence à bord d'un bâtiment d'un chef d'État ne doit pas être saluée par des vivats; c'est, assurément, un des rares pays où cette manifestation ne soit pas inscrite dans le service à bord; et je me rappelle qu'à Toulon, lorsque le regretté président Carnot visita l'escadre russe, les marins de l'amiral Avelane le saluèrent, chaque fois qu'il passa devant un des navires de l'escadre russe, ou qu'il monta à bord, de sept hourras énergiquement et joyeusement poussés.

M. Félix Faure et les personnes qui l'accompagnent montent l'échelle. Sur le pont, les soldats d'infanterie, dont le casque doré et la tunique rouge vif brillent au soleil, portent les armes, mais d'une façon autre qu'en France; la crosse de leur fusil, tenu verticalement, repose sur leur main fermée. « Je vais passer devant le front de votre équipage, » dit M. Félix Faure et, accompagné du capitaine de vaisseau Acland, suivi de tous les officiers de *l'Australia*, le Président de la République passe successivement devant les marins et devant les soldats de l'infanterie de marine. Il visite ensuite l'entrepont. Le commandant Acland parle difficilement notre langue et c'est en anglais que M. Félix Faure s'entretient avec lui. Cette rapide visite terminée, le Président est introduit dans le salon du commandant; celui-ci lui adresse en anglais une allocution dont voici la traduction :

« Monsieur le Président de la République,

« *L'Australia* a été honorée quand elle a reçu l'ordre de se rendre au Havre pour y séjourner pendant la première visite du Président dans cette ville. Elle est encore plus honorée par votre visite d'aujourd'hui, et j'ai la confiance que vous me permettrez de vous offrir nos souhaits de bienvenue respectueux et cordiaux.

« J'espère que notre visite montrera, par nos saluts au chef élu de la grande République française, nos profonds sentiments d'amitié et de cordialité pour cette nation, et notre désir que ces sentiments persistent toujours.

« Je désire, en ce qui me concerne et en ce qui concerne les officiers de *l'Australia*, vous exprimer nos remerciements respectueux à vous personnellement, Monsieur le Président, ainsi qu'aux autorités de tout rang, pour l'hospitalité cordiale, bienveillante et courtoise qui nous a été accordée. »

En anglais également, M. Félix Faure répond :

« Je suis touché de l'attention courtoise qu'a eue le Gouvernement de Sa Majesté britannique d'envoyer *l'Australia* pour me saluer au cours de ma première visite dans la ville du Havre. Je suis heureux, Monsieur le capitaine de vaisseau Acland, qu'un officier aussi distingué que vous, ait été désigné pour remplir cette mission. J'ai visité avec un grand intérêt votre beau bâtiment. Je vous adresse mes remerciements. »

M. Félix Faure présente ensuite au capitaine de vaisseau Acland les officiers de sa maison militaire ; le commandant Acland lui présente ensuite ses officiers, les commandants Hebert Swire et James Mongomery, les lieutenants Joseph Gregory, Hutton, W. Forbes, S.-R. Olivier, N.-L. Wats Jones, le capitaine d'infanterie Edward, Crowter, le chapelain Rév. George-H. Trehearne, etc. Un lunch est offert au Président. Une conversation s'engage.

— Il fait un temps superbe, le temps du Président de la République, dit le commandant Acland.

— Nous l'appellerons, si vous le voulez bien, le temps de la reine, riposte M. Félix Faure.

Le salon n'est pas assez vaste pour contenir toutes les personnes présentes ; le consul général britannique et le commandant Acland restent avec M. Félix Faure et les ministres ; et les officiers de *l'Australia* invitent les quatre journalistes présents à venir vider avec eux, dans le carré des officiers, une coupe de champagne. Le chapelain, le Révérend N. Trehearne, qui parle d'une façon remarquable et très élégamment le français — il a fait une partie de ses études au lycée de Versailles — nous donne les détails les plus circonstanciés sur le navire construit il y a sept ans, qui a beaucoup navigué et a toujours fait preuve à la mer de qualités parfaites ; il nous montre la

photographie de la reine, offerte par elle à *l'Australia*, et qui porte sa signature, le tableau qui leur a été offert par le navire américain *New-York*, lors de l'Exposition de Chicago, à l'occasion de laquelle *l'Australia* se rendit en Amérique, etc. Mais il est temps de se retirer ; le Président de la République annonce au commandant Acland qu'il lui enverra sa photographie signée par lui, et qu'il fera le même présent au consul général britannique au Havre, « en raison de leurs vieilles relations d'amitié ».

Quand M. Félix Faure paraît sur le pont de *l'Australia* la musique des équipages de la flotte qui est à bord du *Jean-Bart*, joue le *God save the Queen*. Durant l'exécution de l'hymne national anglais, le Président et les Ministres restent tête nue, les officiers français et anglais font le salut militaire, la main à leur képi ou à leur bicorne. Au bas de l'escalier de tribord, le commandant Acland prend congé du Président de la République. A ce moment, un officier pousse le cri : « Hip ! hip ! hurrah ! » et les marins poussent quatre hourras. »

La visite du Président de la République à bord de *l'Australia* a duré vingt minutes environ. Mme Félix Faure, Mlle Lucie Faure, Mme Berge, les femmes des Ministres et tous les invités, placés sur *le Jean-Bart*, suivent des yeux le canot présidentiel, qui s'approche du cuirassé français.

Avant que le canot ait abordé, M. Francis Petit (*alias* Pierre Petit fils) a eu le temps de photographier le commandant du *Jean-Bart* et son état-major.

Les marins français crient sept fois : « Vive la République ! » au commandement de l'officier de quart. La musique joue la *Marseillaise*. M. Félix Faure est reçu au bas de la coupée par le commandant Parfait, pendant que son pavillon personnel est hissé au haut du grand mât.

Outre les personnes déjà nommées, de nombreux invités, parmi lesquels MM. Siegfried, de Montfort, Lechevallier, Brindeau, députés de la Seine-Inférieure ; les adjoints au maire du Havre, les ingénieurs, groupés sur la passerelle, saluent respectueusement le chef de l'État.

Les honneurs sont rendus par les deux cent quatre-vingts hommes d'équipage.

L'amiral de Cuverville, après avoir présenté au Président de la République les officiers du *Jean-Bart*, de *l'Élan* et des deux torpilleurs qui étaient allés le saluer à Rouen, prononce l'allocution suivante :

« Vous avez prononcé hier, Monsieur le Président, une parole touchante : vous avez dit qu'en quittant la marine vous y aviez laissé un morceau de votre cœur. Eh bien! cette parole est pour nous une haute récompense de nos efforts, et elle n'est pas tombée en terre ingrate. Aux braves gens que je commande l'on peut tout demander. Ceux qui sont chargés de défendre le Drapeau se souviendront de vous, et je serais surpris si de votre visite ici vous n'emportiez pas au cœur un sentiment de fierté. »

M. Félix Faure répond :

« Merci, mon cher Amiral, vos paroles confirment le sentiment que j'avais déjà. Je sais ce que vaut la Marine française, et la confiance qu'elle inspire est justifiée. On peut tout lui demander ; on peut tout attendre d'elle. »

Le Président passe ensuite l'équipage en revue, entre à l'infirmerie où deux ou trois hommes sont couchés ; puis, il revient sur le pont où il procède à la remise des décorations. Le premier-maître de canonnage Chaton reçoit la croix de la Légion d'honneur ; le capitaine d'armes Port-Marzyz, les quartiers-maîtres de timonerie et de mousqueterie Graigni et Restif, sont décorés de la médaille militaire ; une médaille d'argent de 2e classe est décernée au capitaine Mandeville, commandant la compagnie de sapeurs-pompiers, et au caporal Noël, de la même compagnie. Cette cérémonie terminée, l'équipage défile au son des clairons et des tambours.

Avant de quitter *le Jean-Bart*, le Président de la République lève toutes les punitions infligées aux marins dans l'arrondissement de Cherbourg. A son départ du *Jean-Bart*, les sept cris de : « Vive la République ! » et la *Marseillaise* le saluent à nouveau.

Avant de regagner sa villa, le Président de la République s'arrête quelques instants au sas-écluse où est amarré *l'Élan* dont les marins le saluent des cris réglementaires : « Vive la République ! »

Pendant que M. Félix Faure prenait un peu de repos en attendant la grande représentation de gala, M. Leygues, qui avait organisé une promenade en mer, accompagnait Mme Félix Faure, Mlle Lucie Faure, Mmes Berge, Leygues, Lebon, Dupuy-Dutemps et de nombreux invités à bord du *Titan*.

La promenade avait pour but d'aller au-devant de *la Touraine*, mouillée sur rade depuis le matin, et de rentrer avec elle au port.

MM. Dupuy-Dutemps et Lebon, de leur côté, accompagnés des autorités maritimes et des députés, se sont également embarqués pour visiter le port. Cette visite avait un caractère purement théorique, les ingénieurs devant donner aux Ministres des détails complets sur les travaux du port récemment votés.

La représentation de gala qui a eu lieu, le soir, au grand Théâtre a été des plus brillantes ; elle était donnée au profit des Sociétés de secours mutuels avec le concours des artistes du théâtre de l'Odéon.

En voici le programme :

POUR LA COURONNE

Drame en 5 actes, en vers, de M. François COPPÉE. Musique de SCHATTÉ.

Décors nouveaux de M. Lemeunier.
Costumes dessinés par M. Thomas, exécutés par la maison Paquin, MM. Chalain, Firmin et Mme Parize.
Accessoires de M. Hallé. — Artifices de la Maison Ruggierri.

Etienne............	MM. **A. Lambert.**	Bazilide............	Mmes **Tessandier.**
Ibrahim-Effendi......	**Rameau.**	Militza............	**De Boncza.**
Constantin Brancomir.	**J. Fénoux.**	Anna............	**Chapelas.**
Michel Brancomir....	**P. Magnier.**	Alexis............	**Groslier.**
Un Chevrier.........	**Jahan.**	Sophia............	**Marignan.**
Un Prisonnier Turc..	**Duparc.**		
Ourosch............	**Marsay.**	Un officier..........	MM. **Taldy.**
Lazare............	**Etiévant.**	Un Guetteur........	**E. Céalis.**

Boyards, diacres, officiers, gardes, soldats, hommes et femmes du peuple.

Dès huit heures, la place du Théâtre était envahie par une foule considérable ; le Président est arrivé à neuf heures, au milieu d'acclamations sans cesse renouvelées.

Une vaste loge fort bien décorée avait été préparée. Lorsque le Président a fait son entrée, une partie du premier acte de *Pour la Couronne* était joué, les acteurs se sont aussitôt arrêtés, pendant que toute la salle, debout, applaudissait en criant : « Vive Félix Faure ! » « Vive le Président ! » Nous avons également entendu plusieurs cris plus intimes de : « Vive Félix ! »

C'est Mme Faure qui a présidé, ayant à sa droite le Président de la République et Mme Brindeau, et à sa gauche l'amiral de Cuverville et Mme Leygues.

Les acteurs, au lieu de reprendre le passage interrompu par l'arrivée du Président, ont redit la scène déjà jouée pour pouvoir déclamer :

..... Son fils, sans doute, a la couronne?
Non, chez nous, c'est au plus méritant qu'on la donne!

Toute la salle s'est alors tournée du côté du Président en applaudissant.

Entre le premier et le deuxième acte, la musique du 119e de ligne, placée sur la scène, a exécuté la *Marseillaise*, qui a été écoutée debout, tout le monde faisant face au Président de la République. Pendant cet entr'acte, le Président de la République, apercevant dans la salle l'illustre auteur de *Pour la Couronne*, François Coppée, l'a fait appeler et l'a prié de s'asseoir au premier rang de la loge officielle. *Pour la Couronne* a obtenu un immense succès. Les interprètes, M. Fenoux, fils du directeur d'un journal du Havre, Mlle Wanda de Boncza, Mme Tessandier ont eu tous leur part de bravos, ainsi que les autres interprètes du beau drame de François Coppée. Le maître a été acclamé par la salle tout entière à la fin de la pièce.

Avant d'en finir avec cette représentation, notons que la municipalité du Havre a fait grandement les choses. Renouvelant, bien qu'elle soit démocratique, les usages impériaux et royaux, elle a offert des cadeaux à chacun des interprètes de l'œuvre du maître. Mme Tessandier a reçu une statue de François Coppée en bronze ;

Mlle Wanda de Boncza, une très belle glace ornée, à trois faces; enfin, les artistes appartenant au sexe fort ont reçu chacun une épingle en brillant.

Un incident assez plaisant a marqué la fin de la représentation. Il s'est passé dans les coulisses. Le représentant de la Société des Auteurs dramatiques s'est présenté pour toucher la part qui revenait à cette dernière. Le maire s'y est refusé, objectant qu'il s'agissait d'une représentation de bienfaisance, puisque la recette devait revenir aux Associations de secours mutuels. Le représentant de la Société a maintenu son droit et est allé jusqu'à menacer de faire saisir la recette. Finalement, on a transigé à 12 0/0 de retenue, et le maire a signé un bon le constatant.

Est-il besoin de dire que les auteurs eussent été heureux d'abandonner leurs droits.

M. François Coppée, que nous avons rencontré à la sortie du Grand-Théâtre et que nous avons interrogé à ce sujet, s'est contenté de lever les épaules.

A minuit et demi, M. Félix Faure et sa famille quittaient le Théâtre, pour rentrer à la villa du boulevard Maritime.

VII

LE VOYAGE A TROUVILLE
LE BAL DE L'HOTEL DE VILLE. — LES RÉGATES
LES COMMUNES SUBURBAINES. — DÉPART

La journée du samedi nous a enfin procuré un repos relatif.

Le matin, M. Félix Faure s'est rendu à pied, dans les bureaux de la maison Bergerault et Cremer, — ancienne maison Félix Faure et Cie.

Reconnu au passage, il a été salué par les Havrais, quelque peu étonnés de voir le Président circuler dans les rues de leur ville comme le plus simple des mortels.

Cette marque de confiance donnée à la population n'est pas faite — est-il besoin de l'ajouter? — pour porter atteinte à la popularité de M. Félix Faure.

Le Président de la République s'est ensuite dirigé vers Sainte-Adresse, dont les premières maisons sont contiguës à sa villa, et il y a fait une assez longue promenade en compagnie de M. Le Gall et du général Tournier.

Mme Félix Faure, de son côté, accompagnée de ses filles, ainsi que de Mmes Leygues, Lebon, Dupuy-Dutemps et Tournier, a continué sa tournée dans les établissements de charité, en visitant la Crèche havraise, située rue des Gobelins, où elle a été reçue par les dames patronnesses et par MM. Léon Rœderer, président ; Schlagdenhauffen, vice-président, et Genestal. Dans une courte allocution, M. Rœderer a rappelé à Mme Félix Faure les services rendus par l'établissement.

Après avoir fait une distribution de jouets et de gâteaux, Mme Faure s'est retirée, en félicitant les Dames patronnesses de leur dévouement, et en laissant une somme de 200 francs.

Avant de se rendre à la Crèche havraise, Mme Faure avait visité le dispensaire Leprévost, dirigé par les Sœurs Saint-Vincent-de-Paul.

En l'absence de Mme E. Masquelier, présidente des œuvres des Dames de la Charité, Mme Faure a été reçue par Mme Frédéric Perquer qui, entourée des membres du Comité central, lui a souhaité la bienvenue.

Mme Frédéric Perquer a présenté à Mme Félix Faure les Supérieures des quartiers ; on a parcouru les diverses salles du dispensaire, sous la conduite du Dr Powilewicz, médecin en chef de l'établissement.

Mme Faure s'est ensuite rendue à l'école d'apprentissage, qui renferme plus de cent ouvrières de professions diverses.

Deux jeunes apprenties lui ont présenté une superbe corbeille de fleurs, et plusieurs ouvrages, produit de leur travail.

A onze heures, le Président de la République rentrait à sa villa, afin d'y revêtir l'officiel habit noir, et se rendre à la sous-préfecture où il offrait un déjeuner aux maires de l'arrondissement du Havre, — sauf ceux du canton de Saint-Romain, qu'il avait reçus dans cette ville mercredi dernier. Les ministres, les députés et sénateurs de l'arrondissement assistaient à ce déjeuner qui comprenait soixante couverts environ.

Après le déjeuner, M. Félix Faure est rentré à sa villa, où il a reçu, ainsi que Mme Faure, jusqu'à six heures du soir.

Pendant que M. et Mme Félix Faure pouvaient, enfin, consacrer quelques heures à leurs amis intimes, qui s'étaient tenus à l'écart au cours des cérémonies officielles, M. Leygues et ses collègues,

MM. Lebon et Dupuy-Dutemps, avaient eu l'heureuse idée d'utiliser l'après-midi, en organisant une promenade en mer avec Trouville et Honfleur pour but.

Cette promenade, favorisée par un temps magnifique et une mer d'un calme à rassurer les plus craintifs, a été tout simplement ravissante.

A deux heures et demie, un des paquebots de la Compagnie Leprince recevait les touristes qui s'étaient empressés de répondre à l'invitation.

Parmi ces voyageurs, contents d'échapper un instant au cérémonial des fêtes officielles, citons : Mmes Leygues, Lebon, Dupuy-Dutemps et Tournier ; les trois ministres ; MM. Le Gall, commandant Bourgois, Delaunay ; M. Hendlé, préfet de la Seine-Inférieure, et la plupart des journalistes venus au Havre pour accompagner le Président.

Plus d'habits noirs, plus de cravates blanches ; mais des vestons, des chapeaux mous, des pantalons de couleurs variées, bref un ensemble de gens disposés à s'amuser franchement, en laissant de côté la fastidieuse étiquette.

On débarque à Trouville où à l'étonnement général on trouve toute la population sur la jetée. Le maire, M. Durand Conzère, reçoit les ministres ; et les touristes, escortés par une foule de plus en plus grossissante, font pédestrement une promenade dans la ville ; sur la terrasse du Casino, on goûte rapidement pour regagner ensuite le bateau au milieu d'une grouillante population, d'autant plus intéressante que Trouville n'est pas encore envahi par les habitués du boulevard.

Le bateau longe la côte jusqu'à la hauteur de Villers, puis revient plus avant dans l'embouchure de la Seine, et finalement accoste le port de Honfleur.

O terreur ! sur la jetée, nous apercevons des messieurs très solennels en habit noir et gants blancs ; des petites filles, des bouquets à la main, les entourent.

Un rapide coup d'œil nous fait distinguer des maisons pavoisées, et toute une population attendant notre débarquement.

Un traître s'est glissé parmi nous. Ce traître, c'est notre excellent camarade Pognon, directeur du service politique de l'*Agence Havas*, qui, originaire de Honfleur, a donné l'éveil à ses compatriotes.

Le maire, M. Butel, entouré du Conseil municipal, et les membres de la Chambre de Commerce, souhaitent la bienvenue aux Ministres. Trois jeunes filles apportent des bouquets pour Mmes Leygues, Lebon et Dupuy-Dutemps. Les ouvriers du port et les marins, en costume de travail, massés sur les jetées et les quais, font des ovations aux représentants du Gouvernement. Parmi eux nous remarquons notre confrère Alphonse Allais.

A noter, l'amusant contraste formé par les Ministres et leurs invités, en chapeau mou, veston et pantalon clair, d'une part, et, de l'autre, les autorités qui les recevaient en habit noir et cravate blanche.

A sept heures, on rentrait, enfin, au Havre, en remerciant M. Leygues, l'organisateur de cette charmante excursion.

Le Président de la République, qui était sorti en voiture à la fin de l'après-midi, accompagné du général Tournier, et qui était rentré dîner à sa villa, est arrivé à dix heures et demie à l'Hôtel de Ville, où un grand bal était donné en son honneur.

Cette splendide soirée ne s'effacera pas de la mémoire de ceux qui y ont assisté.

L'escalier, orné de magnifiques plantes vertes où se jouaient des lampes électriques multicolores, et les salons, ont fait honneur au goût des organisateurs. Des gendarmes en grande tenue avaient été placés sur les degrés de l'escalier d'honneur.

Dès neuf heures, les salons ont été envahis. Le Président a été reçu par le maire, entouré de ses adjoints. Le cortège s'est aussitôt formé, le Président donnant le bras à Mme Brindeau, mère ; M. Brindeau, à Mme Félix Faure, en satin merveilleux mauve avec dentelles blanches; M. Lebon avait à son bras Mlle Lucie Faure, en vieux rose pâle; Mme Leygues, au bras du premier adjoint, était en satin blanc, garniture noire.

Le Président a fait le tour des salons, aux acclamations de la foule et aux sons de la *Marseillaise*, jouée par la musique du 119e de ligne.

Nous avons remarqué, au hasard : MM. Delaunay, Goujon, Maurice Lebon, Lechevallier, députés de la Seine-Inférieure. Les officiers anglais et les officiers du cuirassé français assistaient également à la soirée.

Le Président s'est retiré vers minuit un quart, après avoir fait une dernière promenade à travers les salons, aux acclamations des invités qui se pressaient sur son passage.

Dans la matinée, les officiers de la garnison du Havre avaient offert un vin d'honneur aux officiers de *l'Australia*, et aux états-majors du *Jean-Bart*, de *l'Élan* et des deux torpilleurs.

Le colonel Thibon, commandant d'armes, présidait cette réception; il avait à sa droite : le consul général britannique, M. Bertal, et le commodore Dylke-Acland; à sa gauche : les commandants du *Jean-Bart*, de *l'Élan* et des deux torpilleurs; en face de lui : le colonel Barry, entre le commandant Bourgois, officier d'ordonnance du Président de la République, et M. Brindeau, maire du Havre. La musique du 119e de ligne a joué pendant la réunion.

Au moment des toasts, tous les assistants se sont levés. Le colonel Thibon a pris la parole en ces termes :

« Par un sentiment de haute courtoisie, S. M. britannique a tenu à envoyer dans les eaux du Havre un de ses plus beaux croiseurs, *l'Australia*. Cette marque de sympathie est bien faite pour resserrer les liens si nombreux et si étroits, qui existent entre les deux nations voisines et amies. La garnison du Havre saisit avec empressement cette occasion d'adresser ses respectueux hommages à S. M. britannique et d'affirmer l'admiration, la sympathie vive et réelle, que nous éprouvons pour les officiers de la marine anglaise.

« Messieurs, au nom de la garnison du Havre, au nom de tous les officiers de terre et de mer qui ont bien voulu nous faire l'honneur et le plaisir de se joindre à nous, je vous propose de porter la santé de M. le consul général britannique au Havre, du capitaine Acland, commandant *l'Australia*, dont nous avons pu apprécier l'exquise urbanité, et de tous les officiers de *l'Australia*. Je vous convie tous à lever vos verres en l'honneur de la reine, qui est encore l'hôte de la France, et du Président de la République, chef suprême de l'armée. »

Le consul général, M. Bernal, a répondu :

« Monsieur le Commandant d'armes,
« Messieurs les Officiers,

« Le commandant du croiseur de Sa Majesté britannique *Australia* m'a prié d'être son interprète et celui de ses officiers auprès de vous, pour vous exprimer leurs remerciements les plus sincères de votre gracieuse invitation, et vous dire combien ils sont touchés de l'accueil si vraiment chaleureux qu'ils ont reçu au Havre, de vous, des autorités et de tous vos compatriotes. Partout où nos officiers se sont rencontrés avec ceux de la France, ils ont toujours trouvé des cœurs vaillants et généreux, des âmes chevaleresques.

« Je voudrais aussi exprimer l'espoir que les rapports entre nos deux pays ne fussent jamais que des assauts de courtoisie et d'amitié cordiale.

« J'ai l'honneur de porter la santé du Président de la République française. Je bois à la France, à ses officiers de terre et de mer. »

De trois heures à six heures, les officiers anglais ont reçu à bord de *l'Australia* élégamment orné tous les officiers français de terre et de mer présents au Havre.

Enfin, le soir, les sous-officiers français de la marine, de la ligne et des chasseurs à cheval, ont offert un punch d'honneur, à la caserne Kléber, aux sous-officiers de *l'Australia.*

En rentrant à l'hôtel, nous les rencontrons en bande, Français et Anglais, bras dessus bras dessous, parcourant la ville en chantant la *Marseillaise*, dont chaque couplet est accompagné de hourrahs retentissants.

Le lendemain matin, dimanche, le soleil nous avait abandonnés ; la mer, très calme les jours précédents, était un peu agitée ; dès sept heures, la pluie tombait fine et serrée.

Les régates organisées par la ville du Havre et la Société des Régates, avec le concours des Sociétés des Petites-Régates et du Sport nautique, ont eu lieu néanmoins avec grand succès devant la villa

de M. Félix Faure. Le Président avait fait arborer le guidon que lui avait offert la Société des Régates.

En arrivant, à sept heures et demie sur l'estrade construite devant la maison du Président de la République, nous trouvons le Comité ; il est composé de : MM. Horon, président ; Abel, Lemarchand, E. Venet, vice-présidents ; Henri Vincent, secrétaire ; et de MM. C. Acher, E. Cardon, Chapmann, A. Dupaquier, J. Hiéblet, A. Joly et Le Boulenec, membres.

Malgré la pluie qui continue à tomber, nous jouissons d'un coup d'œil qui nous fait oublier un lever un peu trop matinal. La rade est couverte d'embarcations de plaisance ; les bateaux qui doivent prendre part aux régates croisent au large ; plus loin, se détache *le Jean-Bart*, qui a quitté, dès le matin, le bassin de l'Eure.

Un coup de canon, tiré à huit heures précises par *le Jean-Bart*, a donné le signal de la première course.

M. Félix Faure a assisté aux régates sur la terrasse de sa villa ; les ministres, les officiers de sa maison militaire et quelques invités l'entouraient. Mme Félix Faure, Mlle Lucie Faure, Mmes Berge, Tournier, Leygues, Lebon, Dupuy-Dutemps, et Mlle Dupuy-Dutemps avaient également pris place sur cette terrasse.

Pendant la première course, trois lâchers de pigeons ont été faits par les Sociétés colombophiles havraises ; puis, à neuf heures un quart, les Sociétés de tir, de gymnastique et d'Anciens Militaires, précédées de la Fanfare Havraise, ont défilé sur le boulevard Maritime, devant le Président, au son de la *Marseillaise*.

MM. Gobin, président de la Société des Volontaires de 1870-1871, et Leroy, président de la Havraise, ainsi que les délégués des Sociétés de gymnastique, ont été reçus par le Président de la République.

M. Gobin a présenté le Bureau de la Société des Volontaires, en rappelant la part que prit M. Félix Faure à l'organisation de la défense nationale, dans la région du Havre. La Société des Volontaires a ensuite offert deux magnifiques corbeilles de fleurs à Mme Félix Faure et à Mlle Lucie Faure. M. Leroy a, enfin, parlé au nom des Sociétés de gymnastique et de tir.

Après quelques mots de réponse, le Président de la République, suivi de sa maison militaire, a passé en revue les Sociétés qui s'étaient formées en ligne déployée, le long du boulevard Maritime.

La foule, parmi laquelle se trouvaient beaucoup de marins, a poussé de frénétiques : « Hurrahs ! » mêlés des cris de : « Vive Félix Faure ! »

Le programme des régates comportait sept courses ; les plus réussies ont été celles des bateaux-pilotes, des bateaux-pêcheurs, des périssoires, à la godille. Cette dernière course a été gagnée par un moussaillon, que notre confrère Chincholle s'obstinait à prendre pour une femme.

A deux heures, le cortège présidentiel se formait dans le même ordre que les jours précédents, et se mettait en marche pour visiter la commune de Graville-Sainte-Honorine. Pour arriver à cette commune, nous avons dû traverser un faubourg ouvrier, dont les habitants avaient rivalisé de zèle pour décorer leurs maisons.

Chaque rue portait une inscription spéciale : « *LES HABITANTS DE LA RUE... A FÉLIX FAURE!* »

Remarqué un immense arc de triomphe, formé avec les produits du commerce havrais. A chaque carrefour, le Président fait arrêter son landau, pour saluer des Sociétés ou les enfants des écoles.

A l'angle de la rue de Normandie et du cours de la République, les délégués des Sociétés de secours mutuels viennent rappeler au Président son active collaboration et l'en remercier ; ailleurs, des jeunes filles lui offrent des bouquets : les haltes faites pour le recevoir sont si nombreuses que bientôt le landau présidentiel disparaît littéralement sous les fleurs.

Les acclamations incessantes sont de plus en plus nourries. On ne crie pas seulement : « Vive Félix Faure ! Vive le Président ! » mais : « Vive le brave homme ! Vive l'honnête homme ! »

Parmi les allocutions prononcées, signalons celle de M. le docteur Fauvel :

« MONSIEUR LE PRÉSIDENT,

« La jeune fille qui vous présente ce bouquet, au nom de la population urbaine du quatrième canton, est une enfant moralement abandonnée : sa présence ici est un témoignage des généreuses sympathies de notre démocratie républicaine qui *veut*, si elle ne *peut* le faire encore, soulager toutes les misères sociales.

« Le quatrième canton du Havre, Monsieur le Président, est le plus important de votre ancienne circonscription législative. Il est, vous le savez, composé d'ardents républicains, qui, comme vous, ont une foi inébranlable au progrès et à cette pacifique évolution sociale que sauront hâter, n'en doutons pas, la chaleur de cœur et la sincérité des sentiments de tous les républicains.

« Il vous a toujours été fidèle, et je viens en son nom, Monsieur le Président, vous renouveler l'expression de sa plus entière confiance et de sa vive et respectueuse sympathie. »

Et celle de M. Jules Gardye, président de la Société de secours mutuels Sainte-Marie :

« Monsieur le Président de la République,

« Il y a quelques jours, j'ai eu l'honneur de vous présenter les membres du Bureau de la Société de secours mutuels du quartier Sainte-Marie ; aujourd'hui, je suis heureux de vous apporter l'hommage de la plus respectueuse sympathie de tous les sociétaires, au premier rang desquels se trouve notre excellent docteur M. Lausiès, dont vous connaissez de longue date le dévouement.

« Vous pouvez être assuré, Monsieur le Président, que tous vous resteront fidèles et dévoués et qu'ils n'oublieront jamais les nombreux et éminents services que vous avez rendus à la mutualité.

« Votre élévation à la première magistrature de notre chère France les a remplis de joie, et leur bonheur serait sans mélange, s'ils pouvaient avoir l'espoir de vous voir leur continuer votre haut patronage en conservant la présidence d'honneur de leur Société.

« En témoignage de leur respectueuse affection, ils me chargent aussi de vous remettre ce modeste bouquet en vous priant de l'offrir à Mme Faure, dont le caractère bienveillant et bienfaisant fait l'admiration de tous les gens de cœur et, en particulier, de cette petite phalange de mutualistes, dont vous avez dirigé les efforts et sauvegardé les intérêts pendant de si nombreuses années. »

Nous arrivons enfin à Graville. La réception a lieu dans le préau des écoles très élégamment décoré.

M. Leroy, maire, entouré de ses adjoints, MM. Samson et Bouteleure, prononce l'allocution suivante :

« Monsieur le Président de la République,

« J'ai l'honneur de vous présenter les membres du Conseil municipal, qui viennent, au nom de la population tout entière, vous prier d'agréer l'expression de notre profonde gratitude pour l'honneur que vous nous faites, en venant aujourd'hui à Graville.

« Nous attachons à votre visite une signification toute spéciale, nous la considérons comme la conséquence naturelle de tout ce que vous avez fait pour Graville depuis quinze ans.

« Si je voulais énumérer les innombrables services que vous nous avez rendus par votre haute et légitime influence, je serais obligé de reprendre les registres de nos délibérations municipales, et j'y lirais que, chaque fois qu'il s'est agi soit d'un projet à faire approuver par l'autorité supérieure, soit d'une subvention à obtenir, j'y lirais les mots suivants : « Le maire informe ses collègues que, grâce au bienveillant appui de M. Félix Faure, notre député, le Conseil a obtenu satisfaction. »

« Permettez-moi de vous prier d'agréer l'expression de notre profonde reconnaissance, et de vous affirmer que vous avez ici des amis bien humbles, mais qui ont été et seront toujours fidèles et dévoués.

« Aussi, Monsieur le Président, votre élévation à la première magistrature du pays a-t-elle été accueillie ici avec une grande joie ; vous avez pu vous en rendre compte, aujourd'hui, par l'empressement que chacun a mis pour donner à cette journée tout l'éclat que comporte une grande fête.

« Mieux que tous les autres, nous avons pu apprécier les éminentes qualités de celui que l'Assemblée nationale a désigné comme chef de l'État, et nous sommes certains, qu'en acceptant toutes les bonnes volontés, vous maintiendrez toujours haut et droit le drapeau de la République.

« Nous formons tous ici, Monsieur le Président, les vœux les plus ardents pour la prospérité et la gloire de votre septennat. »

Le curé de Graville, l'abbé Lelièvre, vient ensuite saluer M. Félix Faure :

« En communauté de pensées avec M. le maire, dit M. le curé de Graville, je suis heureux de vous apporter ici, Monsieur le Président, mon humble et respectueux hommage. Nous faisons des vœux ardents pour que la santé vous soit conservée et que vous continuiez à travailler à la prospérité morale de notre chère Patrie. »

M. Dubox, industriel, s'avance à son tour :

« Nous sommes heureux, dit-il, d'acclamer le chef de l'État qui symbolise aujourd'hui l'apothéose du travail ; mais nous vous en prions, ménagez votre santé, nous avons besoin de votre haute intelligence pour diriger les affaires de l'État. L'industrie souffre ; il nous faut de la stabilité. L'établissement de traités de commerce avec les nations voisines s'impose. Je crois qu'on peut encourager l'agriculture sans, pour cela, ruiner l'industrie.

« Je ferai mes efforts, répond en riant M. Félix Faure, pour conserver ma santé ; en ce qui concerne le commerce d'exportation, M. le Ministre du Commerce n'oubliera pas vos doléances. »

« On était déjà enthousiasmé de vous quand vous n'étiez que député, mais on l'est bien plus encore maintenant, » réplique M. Dubox.

M. Félix Faure a remis ensuite des médailles du travail à MM. Josselin, Linquet, Delalande et Hurault ; puis, il est remonté en landau, pour rentrer à sa villa, où il a déjeuné en intimité.

L'accueil qui venait de lui être fait par la population de Graville, population essentiellement ouvrière, a été certainement un des plus chaleureux de tout le voyage.

Pendant que le Président déjeunait à sa villa, M. Brindeau réunissait autour de sa table les Ministres, le général Tournier, M. Le Gall, le commandant de *l'Australia*, M. Bernal, consul général d'Angleterre, le commandant du *Jean-Bart*, ainsi que la Chambre du commerce. Des toasts pleins de cordialité ont été échangés.

A deux heures, le cortège se reformait pour les visites aux communes de Sainte-Adresse, Bléville et Sanvie.

De même que pour le voyage de Bolbec à Montivilliers, c'est surtout en ami, en homme heureux de serrer des mains sympathiques, que M. Félix Faure a voulu faire cette promenade dans les communes suburbaines.

Le signal du départ donné, le cortège s'est dirigé vers Sainte-Adresse où a eu lieu le premier arrêt. Avant d'y arriver, nous jouissons d'un des plus beaux points de vue de la région. La pluie, qui était tombée pendant toute la matinée, a cessé; le temps paraît complètement remis.

Les cloches sonnent à toute volée, les maisons sont pavoisées du haut en bas.

A la mairie, le Président est salué par M. de Querhoent, maire de Sainte-Adresse.

« J'ai plaisir, répond M. Félix Faure, à venir serrer la main d'hommes qui n'ont jamais cessé de me témoigner leurs sympathies et sur le concours desquels je compte, comme sur celui de tous les hommes d'ordre, de liberté et de progrès. »

A partir de Sainte-Adresse, on est entré en pleine campagne, et nous avons eu la répétition du spectacle auquel nous avions assisté pendant le trajet de Bolbec à Montivilliers : toutes les haies ornées de drapeaux, de banderolles, reliant les arbres plantés des deux côtés de la route; larges bandes de calicot avec l'inscription : « *VIVE FAURE! AU PRÉSIDENT! HONNEUR AU PRÉSIDENT!* »

Une foule endimanchée sillonnait toutes les routes, acclamant le Président.

Le cortège a dû suivre des chemins vicinaux pour gagner Bléville.

Partout, nous avons remarqué le même empressement des paysans à orner leurs maisons et leurs champs.

A Bléville, nouvelle réception, même cordialité ; les enfants des écoles poussent de tels cris : « Vive Félix Faure ! » qu'on est obligé de les faire taire. Une fillette remet un bouquet ; un petit garçon chargé de faire un compliment oublie tout, mais sauve la situation en disant simplement :

— Bonjour, Monsieur le Président, voilà un bouquet !

Ce bambin a eu un succès fou.

Avant de se rendre à la mairie de Sanvie, M. Félix Faure a voulu visiter l'établissement des Enfants Assistés qui se trouve dans cette commune ; 150 enfants y sont recueillis par la Ligue des Orphelins dont M. Félix Faure est encore président d'honneur.

« Nous faisons des vœux, dit le directeur de l'établissement, pour que l'ère d'accalmie inaugurée par vous continue. Nous apprendrons à nos pupilles à faire leur devoir, à lutter comme vous dans la vie, pour la justice.

Le Président répond qu'il est très touché de l'accueil qui lui est fait dans une maison qu'il connaît bien. « Mais il faut, ajoute-t-il, supprimer le mot « abandonné » après le mot « enfant » ; c'est, du reste, ce que vous avez fait, puisque vous avez adopté vos pupilles et leur avez donné une famille. »

Tous les enfants massés devant l'estrade d'honneur ont ensuite entonné en chœur, et fort joliment, un chant en l'honneur du Président :

Honneur au Président dont le cœur généreux
A su s'intéresser à tous les malheureux.
Il sait ici, partout, soulager la souffrance.
Offrons nos cœurs, nos vœux à l'élu de la France,
Au pays tout entier nul n'est plus sympathique.
Vive le Président ! Vive la République !

Malheureusement la pluie qui, depuis le départ, avait paru vouloir nous abandonner, est retombée à torrents ; il a fallu chercher un abri ; le Président en a profité pour visiter les différentes parties de l'établissement, dortoirs, salles d'études, cuisines, etc.

L'orage cessant, le cortège a pu se remettre en route pour s'arrêter quelques minutes après à la mairie de Sanvie, où le Président a remis les palmes académiques à M. Derouvois, adjoint.

A cinq heures, M. Félix Faure rentrait à sa villa.

Le Havre a voulu fêter dignement la dernière soirée que lui consacrait le Président de la République : toute la ville, brillamment illuminée, présentait un aspect féerique ; monuments publics et maisons particulières resplendissaient de feux multicolores.

Parmi cette profusion de lumière et la décoration qui ont fait honneur aux Havrais, signalons les places Gambetta et de l'Hôtel-de-Ville, ainsi que la rue de Paris.

Le feu d'artifice, tiré sur le brise-lames de la jetée du Sud, a été fort beau ; le Président et sa famille, placés sur la terrasse de la villa, y ont assisté.

Les navires mouillés dans les bassins ont rivalisé de zèle ; *l'Australia*, qui avait illuminé tous les soirs depuis l'arrivée du Président, se faisait remarquer entre tous. Quant au *Jean-Bart*, mouillé sur rade depuis le matin, il projetait sur la ville ses feux électriques.

La foule qui s'était massée dans les endroits d'où elle pouvait voir le feu d'artifice, s'est ensuite répandue dans toutes les rues. Sur la place Gambetta et dans plusieurs carrefours, des camelots chantaient le « Président des Travailleurs », accompagnés en chœur par plusieurs centaines de personnes.

Les bals populaires organisés par les Sociétés regorgeaient de monde.

Le Havre dansait, chantait, illuminait en l'honneur de son Président !

Le lendemain matin, lundi, M. Félix Faure se rendait, dès sept heures, au fort de Sainte-Adresse ; il était accompagné de MM. Lebon et Dupuy-Dutemps. A huit heures, le Président était de retour à sa villa. A ce moment même, *l'Australia*, ayant au grand mât le pavillon français, sortait du bassin de l'Eure ; la musique des douaniers, placée au pied du sémaphore, jouait le *God save the Queen*, pendant que les marins du cuirassé anglais, à l'avant, et les soldats de marine, à l'arrière, poussaient le triple hourra réglementaire.

Aussitôt l'extrémité de la jetée dépassée, *l'Australia* a tiré les vingt-et-un coups de canon réglementaires, pour saluer la France à son départ; *le Jean-Bart* a répondu coup pour coup; puis, *l'Australia* a disparu, après avoir échangé un dernier salut avec le sémaphore.

Le départ du train présidentiel était fixé à deux heures. M. Félix Faure a quitté sa villa à une heure quarante-cinq minutes, avec le même cérémonial qu'à l'arrivée.

La population avait tenu à dire adieu à son Président; aussi toutes les voies que devait parcourir le cortège étaient-elles envahies par la foule qui a mêlé ses ovations au carillon des cloches de toutes les églises sonnant à toute volée, et au bruit du canon, *le Jean-Bart* tirant, en même temps, les cent un coups de canon réglementaires. Sur les boulevards, les sociétés, les sapeurs-pompiers et le 119e de ligne formaient la haie.

En descendant de landau, à deux heures, le Président de la République a été salué à la gare par les membres du Conseil municipal, les officiers du *Jean-Bart*, les représentants de la Compagnie de l'Ouest : MM. Chardon, chef de l'exploitation, Foulon, secrétaire général, le consul général britannique au Havre, etc.

En quelques mots, M. Brindeau a exprimé combien la ville avait été touchée de la visite du Président. M. Félix Faure, très ému, a prié le maire de transmettre à la population ses sentiments de profonde reconnaissance.

Tout était terminé. Quelques instants après, le train présidentiel filait à toute vapeur et s'arrêtait à Rouen, quelques minutes seulement. M. Félix Faure était reçu sur le quai de la gare par M. le maire de Rouen, le général Giovanninelli, commandant le IIIe Corps d'armée, MM. Ricard et Maurice Lebon, députés de la Seine-Inférieure.

Mme Faure et ses filles, ainsi que Mmes Leygues et Lebon étaient restées à Rouen, pour prendre le train venant de Dieppe.

A Oissel, à Pont-de-l'Arche, à Vernon, à Mantes, à Maisons-Laffite, la population, prévenue du passage de M. Félix Faure, s'est portée le long de la voie, et l'a acclamé.

En approchant de la banlieue parisienne, les ovations étaient même plus nourries que lors de notre départ.

Le train présidentiel a stoppé à la gare Saint-Lazare à cinq heures trente. Au point précis où devait s'arrêter le wagon du Président, s'étaient réunis MM. Leygues, le général Zurlinden, l'amiral Besnard, Blondel, secrétaire particulier du Président; le commandant de Saint-Marc, de sa maison militaire; Lépine, préfet de police; le directeur de la Sûreté générale; Delarbre, président du Conseil d'Administration; Marin, directeur de la Compagnie de l'Ouest; Eddy, chef de bureau de la direction; Blount, ancien directeur de la Compagnie; de Fontaine, chef principal de la gare Saint-Lazare.

Le Président de la République, précédé de MM. Crozier et Mollard, chef et chef-adjoint du protocole, a traversé le quai de la gare au milieu des acclamations de la foule des curieux, des voyageurs, massés derrière les barrages d'agents, et des employés, qui s'étaient juchés jusque sur le toit des wagons.

Des acclamations, plus chaudes encore, l'ont accueilli, lorsqu'au sortir de la salle d'attente des premières de la ligne de Normandie, il a traversé la salle des Pas-Perdus; enfin, lorsque M. Félix Faure est monté dans le landau qui l'attendait, cours d'Amsterdam, les cris de : « Vive Félix Faure ! Vive la République ! » sont devenus bruyants au point de couvrir la sonnerie des trompettes de l'escadron du 2e Cuirassiers, commandé d'escorte.

C'est au milieu de ces ovations sans fin, que le cortège présidentiel a regagné l'Élysée.

Avant de quitter le Havre, M. Félix Faure avait laissé 10,000 francs au Bureau de Bienfaisance.

Pendant ces cinq journées, l'ordre le plus parfait n'avait pas cessé de régner au Havre; les mesures de police et d'ordre avaient été prises de telle façon que les choses ont paru marcher tout naturellement, sans que les agents aient eu à intervenir brutalement, grâce à MM. Nicolle et Palmar.

A peine la circulation a-t-elle été interrompue quelques minutes, chaque fois que le Président devait se rendre dans un établissement quelconque.

Je ne sais pas si le caractère de la population havraise se prête plus facilement que tout autre à l'obéissance, aux injonctions ou, plutôt, aux avis de la police. En tout cas, nous n'avons qu'à signaler un fait accompli qui peut servir d'exemple.

Et, maintenant, nous estimons qu'il est inutile d'émettre des appréciations sur un pareil voyage, les faits ont été assez éloquents; les commenter ne ferait qu'en affaiblir la portée!

TABLE DES MATIÈRES

SATHONAY

VOYAGE DE NORMANDIE

Tours, imprimerie Deslis Frères, rue Gambetta, 6.

www.ingramcontent.com/pod-product-compliance
Ingram Content Group UK Ltd.
Pitfield, Milton Keynes, MK11 3LW, UK
UKHW031850260826
14628UKWH00002B/706

9 782019 152635